男人的愛情研究室

談一場不追不求的戀愛——

作者／
Mr. P
自信教練

目錄

前言 一條全新的戀愛之路 009

Chapter 1 你在感情中是什麼樣子？

1. 討好者 016
2. 誘惑者 029
3. 競價者 044

Chapter 2 超越者：改變內在才能調整互動

1. 拿掉偽裝，找回真實的自我 061
2. 超越者的本質 066
3. 阻礙你成為超越者的三個關卡 071
4. 真正的花若盛開，蝴蝶自來 077

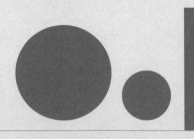

Chapter 3

戀愛前該搞懂的事：戀愛模型

1. 一見鍾情的錯覺 084
2. 該不該從朋友當起 093
3. 你真的心動了嗎？ 103
4. 戀愛模型 111
5. 擴展戀愛模型的好處 121

Chapter 4

降低得失心

1. 戀愛不需要必勝的把握 132
2. 條件重要還是魅力重要？ 148
3. 戀愛中的計分權重 160
4. 得失心怎麼解 1：錯誤方法 168
5. 得失心怎麼解 2：得失心的完整面貌 174

目錄

Chapter 5

培育好感森林

1. 生活圈太小是真的嗎？ 191
2. 培育好感森林的三步驟 201
3. 引發共鳴的四大要件 212
4. 討好、誘惑、展示和吸引 233

Chapter 6

釋放意圖

1. 過量的關心是一種壓力 250
2. 意圖、節奏與戀愛模型的交互作用 260
3. 意圖的表達與接收 269
4. 肢體觸碰可以推進關係嗎？ 279
5. 真正的關鍵是氣氛 288
6. 欲擒故縱：釋放意圖的誤用 293

Chapter 7

確認關係

1. 關係停滯不前怎麼辦？ 310
2. 確認關係的正確作法 320
3. 不表態的人是什麼心態？ 327

Chapter 8

最後的故事

331

前言　一條全新的戀愛之路

這世界其實存在著一種方法，讓你可以自在的去認識異性，而且在這個過程中你不會有任何恐懼，不用害怕自己不被喜歡，不需擔心自己會犯錯，也不會有得失心的問題。

並且更棒的是，你和對方從認識到曖昧，再從曖昧到確認關係前，你們都是很快樂和享受的，這種感覺就好像你跟自己最好的朋友當初認識的情景一樣，你們因為緣份而相遇，某人先踏出了第一步，另一個人給予了回應，接著你們共同渡過了一段很快樂的時光，然後在某個時刻，你們燃起了曖昧的火花，情感逐漸加深，相處越來越密切，無話不談，常常膩在一塊。

在這段過程中，沒有誰對誰使用心機，所以你根本不會考慮到要用技巧、招式、套路等等的東西（但有趣的是，如果你真的掌握了關鍵，那看在旁人眼中，你就會是個精通各式技巧的戀愛高手），而隨著相處時間漸增，你們的默契達到了前所未有的高度，最後確認關係，自然在一起。

以上這種狀態，我想是多數人都期望擁有的，然而卻很少有人、書籍、文章能夠說得清楚，我自己也是花費了多年才捉住核心，如今終於有機會在這本書整理出這些體悟。

我曾走過的歧路

我對戀愛的研究，是從十八歲開始的，當時的我還不是自信教練，只是個生性內向，不善言辭的理工科宅男。為了交到女友，我涉獵了國內外所有的戀愛教學，也按照他們教我的話去做，我嘗試過溫情守候和送禮，也試過提升外在條件和談吐，甚至連操控曖昧心理的險路我也走過。

可是在我使用這些方法，走過千山萬水，談過了很多段戀愛之後，我發現它們起初雖然能夠起到短暫的效果，但長期來說，反而在感情中衍生出更嚴重的問題。

這些問題有多嚴重呢？一開始，它會阻礙你去認識新對象，接著，它在你即將進入曖昧時出來擾亂你，到後來你想確認關係了，它也會化成得失心的形式在你內心作祟，讓你失控自爆，甚至連你已經進入交往了，它仍會成為你感情中的未爆彈。

我可以信誓旦旦的告訴你這些，絕非空口無憑，而是在看過了無數案例，以及反省了自己多年的親身經歷後所得到的結論。

為此，我開始思考一個關於戀愛本質的問題，有沒有一種可能是，社會上所流行的戀愛觀念，一直以來都是錯的？

比如說，我們都聽過：

「男生得成為最好的獵人，才能追到最好的女生。」

「談戀愛絕不能先放感情，認真你就輸了。」

「你要保持神祕感，別人才會想瞭解你。」

以上這些似是而非卻幾乎被大家奉為戀愛法則的理論，在我經過好幾年的沉澱和反思，把它們推翻以後，我悟出了一套新的心智系統——超越者之路。

這是一套經過驗證可行的系統

最一開始的時候，我以自己為實驗對象，看看我帶著新的觀念和心態，還能不能夠像從前一樣談到戀愛，戀愛的品質會有何不同。

親身體會後，我發現這完全行的通，而且在使用這套系統時，我內心感覺到的快樂和滿足，是前所未有的，這使我在和任何異性相處時都感到無比的踏實，完全不會有任何得失心的起落，可以自在的和對方互動，享受愛情。

在我成為自信教練以後，我開始把這套心智系統導入到我的學生身上，試試看讓別人來操作它，還能否得到和我一樣的效果。

實驗的結果是令人滿意的，有很多人都告訴我，這大大改變了他們對愛情的認知，同時也讓他們對於技巧和心態之間的關聯性，有了全新的領悟。在寫這本書的同時，我也收到兩位朋友和我說，照著我的方式做讓他們成功脫單了，交往的過程很簡單，沒有用太多技巧，曖昧的過程也沒有控制，就只是依著我說的方法釋放意圖、展示他們最真實的自己，情感就自然加溫，在雙方都有意願的狀況下確認關係了。

本書我將帶給你的體驗，將不只是從技巧的層次上為你拆解如何認識異性、如何加溫感情、如何悠遊於曖昧、如何確認關係，你將學到更多的是關於如何放下你的得失心、如何駕馭你的情緒、如何超越過去的自己，更重要的是，我將教你如何化繁為簡，用最簡潔的方法來面對愛情，掌握屬於你的幸福。

你在感情中是什麼樣子？

1 L 520 Where	3 O 0487 is
1 V 990 my	4 E 258 love?

CHAPTER 1

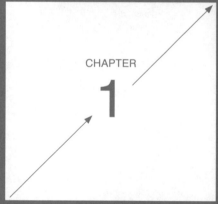

跟我比較熟的人，都知道我有個特殊能力——只要閱讀某人的文字（社群動態、聊天紀錄），我就能捕捉到對方的個性、想法、價值觀，很多時候，我甚至連他的擇偶策略，會使用怎樣的追求方法，將會碰到什麼問題，交往後可能會因何故吵架、分手，都能推斷出十之八九。

也因為有這樣的能力，在這幾年間，我結合自身經歷還有教學經驗，把觀察到的現象理出了一套脈絡，最後歸納出了四種心態，分別是討好者、誘惑者、競價者、超越者。

我這麼歸納的目的很簡單，就是想讓一般人能從更淺顯的角度，來看到我眼中的世界，進而能夠知道，為何你內在一個微小的起心動念，會影響到你的戀愛，讓你卡在朋友區、被發好人卡、曖昧沒有結果，或是交往後的磨合困難。

在這一章，我們先介紹前三種心態討好者、誘惑者、競價者在追求感情中所表現的樣貌和容易造成的結果（看看自己是怎麼搞砸愛情的）。

01 討好者

首先我想為你介紹的，是名為「討好者」的追求心態，它特別常見於沒有戀愛經驗的人身上，有些人會稱其為「好人」，但精確來說，我認為用「好人」兩字，很容易會把「討好」和「美善」的意思給混淆了，所以請不要把討好者和好人混為一談，兩者在本質上還是有區別的，明白這點以後，就讓我們一起來看看，一個正常人，是如何將自己煉成一個討好者的吧。

討好者的起源

凱文是一個嚮往戀愛的男孩，我第一次見到他時，他已經是一個誘惑者了。他有過不少交往對象，但交往過程總是不順利，內心常感矛盾和苦痛，他隱約明白自己的問題，但不知道如何走出困境。為了幫助他解開煩惱，我請他完整述說自己的故事，我再從旁慢慢為他理出頭緒、梳開雜亂的心結，現在，我們從他過去是「如何被女生拒絕」開始聊起。

大學時，凱文是成績普通，相貌平平，家世平凡，沒有任何突出條件，再普通不過的男生。在一次學校的舞會上，他認識了一個女孩，女孩五官清秀，有著秀麗的長髮，是男生普遍都會喜歡的類型。

當時凱文對女孩瞭解並不多，聊天從來沒有聊過什麼深入話題，只大概知道她讀什麼科系，是哪裡人，喜歡吃什麼，就憑著情竇初開的激情，他展開了熱烈追求。

凱文說：「我意識到一切的問題，就是從這裡開始的，當時的我認為，自己在茫茫人海中只是一個微不足道的人，是不可能配得上她的，如果要和條件這麼好的女生談戀愛，我一定得要付出些什麼，才能換取她對我的關注，博取她的歡心。」

於是凱文心想，只要自己盡可能滿足她的期望，解決她生活上的大小問題，她就會同意交往了吧？

於是，凱文開始當她的外送員，女生晚上想吃宵夜，他買；凱文也當她的司機，她要去哪但沒有交通工具，他載；同時凱文也是她的水電工，幫她換燈泡、修馬桶、裝電腦，他做了好多的事，期待著他們的感情會因此加溫，慢慢發展成情侶。

凱文說：「我還記得那時候有位交往經驗豐富的朋友提醒我：『你這樣是不可能和她交往的，你只是一個工具人而已』，但我沒聽進他的話，反而回他：『我可不只是司機，我還是她的垃圾桶、水電工、萬事通，下一步就是男朋友啦，你等著瞧。』」

終於有一天，凱文感覺時機成熟了。於是選在一個風和日麗的日子，邀約女孩一起吃燭光晚餐，並拿出預先準備的卡片向女孩告白，想像著她會答應。在那個當下，女孩露出一抹害羞的微笑，沒有給他正面回應，而是說她要想想再給凱文答案。

凱文接著說：「我事後回想起來才知道，她那根本是過度尷尬而硬擠出來的笑容。那天回家後，我收到她傳來的訊息，她說我是個好人，她一直很珍惜我們這段友誼，希望我們能一直當好朋友。我告訴她沒關係，我會默默等她，直到她答應為止。但從那天以後，她就很少回覆我訊息，偶爾在路上遇到也只是點點頭就快步走過，我搞不清楚發生了什麼事，但也沒勇氣向她問清楚，那段戀情就留在我的回憶裡，隨時間慢慢淡去。」

討好源於自我否定

上面的這個故事，我在講座上和聽眾們分享不下數十次了，每次都會引起大家的共鳴，因為這是很多人都走過的路。某次就有人問我：「P大，如果當時凱文戒掉討好的行為，是不是就能順利和女孩交往呢？」

我笑答：「如果有那麼容易，那世界上就不會有那麼多討好者了，**討好的行為只是果，真正讓你會去做出這些行為的討好心態，才是根本的因。**」

他再問：「那什麼是討好的心態呢？要怎麼知道自己有沒有討好心態？」

我說：「討好是帶有目的性的。試著想想你曾被某人討好的情境，那個人一定不是平白無故對你好對吧？他一定想透過討好你來達到某些目的，所以在言語上對你噓寒問暖，在行為上對你大獻殷勤。那你猜猜看，在愛情中，為什麼討好者會想當別人的工具人，他的目的是什麼？」

他回答：「應該是為了讓喜歡的人喜歡自己吧？」

我：「是的，這正是討好者的目的，他希望透過自己的付出，來換取別人的喜愛和關注。那你有沒有想過，如果你作為被討好的人，你內心看到別人付出是帶有目的性的，你是難過還是開心？」

他說：「我會覺得很奇怪，你正常和我交朋友就好啦，幹嘛要做一大堆事情來讓我喜歡你，我如果要喜歡你，我自己會喜歡你，不是因為你付出多少我才喜歡。」

我：「你說的就是討好心態的核心了，討好者是一群在感情領域慣性自我否定的人。雖然從外表上看來，他們和很多人一樣有穩定的工作、正常的社交、良好的外貌，甚至有很多討好者，在自己的專業領域是很傑出的，可是他們因為內在的匱乏，強烈的相信自己不值得被喜歡，打從心底覺得自己配不上對方，所以一旦進入戀愛，他們就會把自己卑微化，也把對方神格化，落入一段不對等的關係，也因此才會老是在付出，老是在當工具人啊！」

討好者的特徵

- ☑ 不敢表露真實的自己。
- ☑ 想用付出換取對方的喜愛。
- ☑ 總想著為對方解決生活的大小問題。

討好者的盡頭

在凱文的故事裡，他因為匱乏而討好，又因討好而搞砸一段戀愛，但在此，我並不想武斷的告訴你說，討好者註定無法戀愛。這世界不是那麼非黑即白的，事實上也有很多討好者，純粹靠著付出和獻殷勤，就結識了願意和他走入關係的伴侶。

聽到這裡我想你會說，Ｐ大你是在跟我開玩笑嗎？如果討好也能戀愛，那看來討好也是一種成功的策略啊？

是的，你說的一點都沒錯，如果你把受盡折磨、慘遭精神虐待、另一半出軌等狀況當成戀愛的常態，那麼使用討好來戀愛，真是對極了。

如果某對情侶，在他們交往前，彼此地位的關係是「王子與女傭」，或者是「公主與僕人」，那麼在進入交往後，關係會一夕之間反轉，兩人的地位忽然就對等了嗎？

很遺憾，在我看過的那麼多案例之中，從來沒有一對是這樣的，這些討好者們，反而是遭受到了對方更誇張、更過份的要求。

比如說，我有聽過女生因為男朋友不開心，要在大街上下跪道歉的，也不乏有男生被女朋友呼來喚去，不僅奉上全部薪水供她花費，還要當她的司機、廚師、幫傭。

而這些靠討好所建立的愛情，幾乎無一例外，最後都會以「上位者」的出軌告終，你問為什麼？

很簡單，因為**魅力必須要在地位對等的前提下才會產生**，在公主的眼裡，為她做牛做馬的傭人，遠不如外頭敢挑戰她的王子們來得有魅力，在王子的眼中亦然，眼前拜倒在他膝下的女僕，怎能比得上和他對酒談笑的公主們呢？

至此我想你應該慢慢瞭解，討好者是一個什麼樣的存在了吧？討好者正是缺乏價值感，內在匱乏，沒有自信的人，他們在自己的內心已經先一步貶低了自我，所以在和別人互動時，才會顯現出那些卑躬屈膝的行為。

討好者的誕生的兩個條件

接著，讓我們談談討好者的誕生。首先你得先明白的第一件事是，討好者是沒有辦法獨立存在的，一個人想要付出，就必須得有另一個人願意接受，兩個人都默許這種行為的發生，再加上情境的推波助瀾，供需的關係才會成立，我把其滿足的條件分為兩種，其一是上位者的召喚，其二是討好者的回應。

舉例來說：某天小美半夜肚子餓，但又懶得出門買宵夜，於是在社群發了貼文明示暗示，有誰願意幫她買東西，此即上位者的召喚。

這時候，對小美有好感的小明發聲了，他認為這是千載難逢的良機，能合理接近小美，於是火速私訊小美，自告奮勇接下任務，買完後親自送到她家門口，這是討好者的回應。

此時，上與下的關係已悄然成形。

熱騰騰的宵夜到了，小美很開心，可惜小明並不是他的菜，但為了聊表謝意，她還是很親切的說謝謝，送了小明一個甜美笑容，此情此舉讓小明感到心跳加速、頭暈，意亂情迷之下，他決定大方請客、錢也不收就走了。

這一刻，如果小美不覺得佔點小便宜有什麼，小明也不認為自己吃了虧，雙方都還期待下一次的「我提出需求，你幫我解決問題」，那上位者與討好者的隱性關係，就在此時確立了。

在此期間內，小明付出了「買宵夜服務」，小美付出了「她的關注」，他們達成了一個「暫時平衡」。

沒有意外的話，他們將會繼續保持這種關係好一陣子。直到發生某些事，像是：

⇩小明告白

⇩小美宣告有穩定交往的對象

⇩小美收回對小明的關注

⇩小明要求小美做對等的付出

這種平衡才會被打破。

我知道有人會說，P大你這麼說，對於那些平白無故就被討好的人而言，似乎不太公平，也許某人只是顏值高了一點，條件好了一些，於是就有人主動跑來和他大獻殷勤，他們或許也是被騷擾的受害者，怎麼能說上下關係是他造成的呢？

這個問題其實不難解，你把自己代換成「被討好的人」就能明白了。在現代社會中，人與人之間的來往，存在著一套禮尚往來的規矩，別人對你付出，你會想要回報，這是深植於我們心裡的人性，也因為如此，你的內心對於別人的付出，存在著一把尺，那讓你可以去判斷，我接受他的付出是理所當然，還是他的付出對我來說太沉重了，同時這把尺也會讓你反思，你們之間還沒有熟到這種程度，他對你的好，你承擔不起。

所以按照正常的邏輯，當你碰到一個無事就對你大獻殷勤的人，你是會反感的，你知道這無益於建立情誼，同時也會對雙方的關係造成傷害，為了不想給他錯誤的期待，你八成會主動喊卡，讓他不要再這麼做了。

可是話說回來，上位者們不是這麼想的，雖然他們也明白無功不受祿的道理，但另一方面，他們對於別人的付出是上癮的，如果主動把這件事點破，就會失去了討好者所帶給他的虛榮和好處，所以與其終止這段關係，不如什麼也不說，默許討好的行為繼續。

討好者的轉化

當故事發展到這裡，一個討好者已然被煉成，接下來的劇情，我想你們應該都十分熟悉了，我大致將其分為四個階段，分別是付出、告白、等待和轉化。

首先是付出：在第一次付出被接受後，討好者會竭盡所能的付出，這段期間是他們的甜蜜期，他一方面在心裡懷著「能和上位者交往的希望」，另一方面他從「上位者給他的關注」獲得能量來源，支撐自己繼續前進，這裡說的關注可大可小，可能是一個微笑，一個不經意的觸碰，也可能是一杯飲料，甚至一個笑臉符號，只要能讓討好者開心足矣。

接著是告白：當討好者付出到某個程度，他會告訴自己，他的付出已足夠了，此時他會準備一個盛大的告白，並在一個好時機提出「確認關係的申請」。

再來是等待：告白通常會失敗，上位者會讓他們碰軟釘子。有些人會認為，一定是我付出的還不夠，一定是我不夠努力，為此他們會許下「我願意在你身邊默默守護你」的誓言，繼續他們的付出之旅，但有另一部份的人會強烈感覺到自己被欺騙了，上位者給予他們虛假的希望，玩弄他們的感情，於是他們就邁向了下一個階段——轉化。

最後是轉化：轉化是一個關鍵期，有些人會去自省，在這段關係中，是因為自身內在的空洞，使自己一廂情願的以為，付出可以換到愛情，所以才會總是錯過優質的對象，不斷遇到上位者。這些人會開始深刻的反省自己，最終意識到，原來**討好的心態會出現，是源自於缺乏自信心**。我在擔任自信教練的這些年來，就幫助了很多這樣的人，他們因為願意面對自己的脆弱，所以往往在我授與建立信心的方法後，內在的豐盛種子就得以萌發，直接躍升往超越者的境地。

但有些人就沒那麼幸運了，他們不再相信愛情，並開始懷著一股悔恨的心，狹隘的認為所有的錯都是別人造成的，而這些男男女女們，都是想奴役他們的上位者，照理說，有這樣想法的人應該會選擇永久單身才對，可是在他們心裡，由於仍然渴望一段關係，自此就走上了「誘惑者之路」。

而本書開頭所提到的凱文，即是投身誘惑之路的芸芸眾生之一，誘惑者們所奉持的信條是——如果討好別人無法得到我要的，那我就讓自己變得更有魅力，學習更厲害的戀愛技巧，我會變強到足以讓你們來討好我。

關於凱文的故事，讓我們繼續看下去吧。

討好者的心智模型

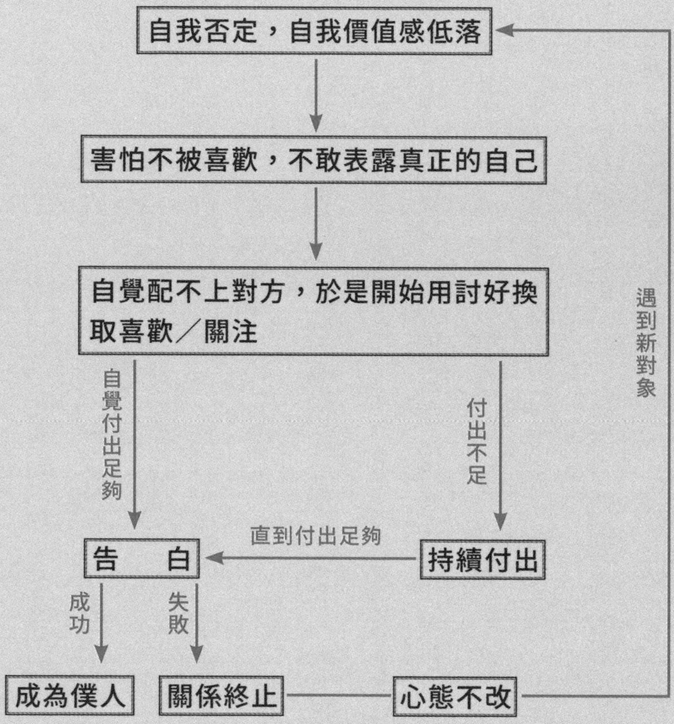
自我否定，自我價值感低落
害怕不被喜歡，不敢表露真正的自己
自覺配不上對方，於是開始用討好換取喜歡／關注
自覺付出足夠
付出不足
遇到新對象
直到付出足夠
告　白
持續付出
成功
失敗
成為僕人
關係終止
心態不改

02 誘惑者

如果說討好者的戀愛策略是「用付出來追求」，那麼誘惑者就是體會到付出無用後，改以「引誘的方式」來進行狩獵的群體，我看過的誘惑者，都是由討好者演變而來的。

不同於討好者習慣對喜歡的人低聲下氣，誘惑者不會那麼做，因為他知道，站在低處的人永遠只能仰視別人，但沒有任何一個人，會和仰視自己的人戀愛的，即使有，那也是同情，而不是愛情。

在誘惑者的眼中，愛情市場是弱肉強食的叢林，不夠強的人最終只會被淘汰，在這場戰爭中要取得勝利，自己就得要成為最強的人。這裡指的強，有硬條件上的強，比如說身份地位、階級、收入，也有軟條件上的強，像是社交技巧、談吐、魅力等等。

我看過很多人照著上述的框架去提升自己，在成為誘惑者後順利談到戀愛了，但很遺憾的，這並不是一段真愛故事的展開，我認為對一個誘惑者來說，當他進入一段關係了，才只是悲劇的起點而已。

撕掉討好者的標籤

回到凱文的故事。凱文和舞會認識的女孩告白，女孩認真拒絕了他，他消極了一段時間後重新出發，又認識了其他異性，繼續在追愛的路上奔跑著。

凱文繼續說：「那時候我終於明白，一廂情願的付出是換不到喜歡的，於是在那一刻起我發誓，我再也不要重蹈過去的覆轍了，我要把討好者、工具人的標籤撕掉，成為一個足以讓女生為之傾倒的男人，再也不會用付出來討好任何人。」

我說：「接著你就一頭栽進了誘惑者世界對吧？」

凱文說：「是的，我開始把追求當成一門技術來學習。」

我問：「那你是怎麼去學習這些技巧的呢？」

凱文說：「當時我一心只想趕快擄獲女生的芳心，所以我瘋狂的蒐集各種追求技巧，務求在最短時間內吸收各門各派的方法。我也不再像以前那樣天真，對愛情抱有美好的幻想了，相反的，我和這些教授技巧的人們一樣，開始以獵人自居，把心儀對象看成是獵物，把追求技巧視為我的獵槍和子彈，外在的形象和談吐是我用以吸引獵物上鉤的誘餌，而每一次的約會本身，則是對狩獵技術的打磨。」

看到這還無法理解的人，請容我為你說明，何謂誘惑者的中心思想，如果要精確的形容他們，我想用一個網路廣傳的段子來說明，你就能夠瞬間明白了。

男追女：「若她涉世未深，就帶她看盡人間繁華；若她心已滄桑，就帶她坐旋轉木馬。」

女追男：「若他情竇初開，請為他寬衣解帶；若他閱人無數，你就灶邊爐台。」

一個高明的誘惑者，就是奉行這樣的信條在生存的，他會細心觀察獵物的習性、出沒地點，然後針對不同的獵物，設計出不同的捕獵方法，所以你也可以說，他們戀愛的方式就好像在玩角色扮演遊戲一般。

如果你喜歡的是王子與公主，那麼他就會配合你演一齣戲，讓你傾倒於他身上雍容華貴的魅力；若你喜歡的是文青與藝術家，那麼他就會戴上充滿文藝氣息的面具，你必定會枕在他的懷裡無法自拔；若你喜歡的是桀敖不馴的浪子浪女，那麼他就向你述說一個瀟灑不羈的過往，讓你為浪子（女）回頭的柔情所融化。

誘惑者的獨白是：「我知道你為我的演出而讚嘆，就由我為你獻上最完美的表演吧。」

為了把角色演得傳神，誘惑對方上鉤，他們在社群媒體的呈現上，也十分有一套，我想你身邊應該也不乏有這種朋友。

點開他的個人頁面，你會看到一系列精緻、富有品味的生活照，可能是他這禮拜學騎馬、上個月在海邊衝浪、前陣子在鑽研花藝、攝影，甚至連手沖咖啡他也頗有研究，而在這些照片背後，你會接受到一些他沒明說，但實質上隱含在其中的訊息，男性誘惑者通常會：

◆不經意露出他的名錶，顯現出他的財力

◆餐桌上紅酒杯反射的夜景，帶出了他的品味

◆在車裡自拍不小心帶到賓士的Logo，暗示了他的身份地位

女性誘惑者則傾向：

◆在健身時露出小蠻腰和事業線，勾住你的眼睛

◆自介放上幾句英文俚語，說自己剛留學回來，怕你沒注意到她博學多聞

◆透露很多人爭先恐後要約她，她為此感到困擾，以此提高行情

也有些方式是男女誘惑者們通用的，像是：

◆常在高級餐廳、招待所打卡拍照，表示自己的生活圈很高水平

◆透露自己最近看了哪些書，藉由品評書籍的好壞來展示知性

他們的目的很簡單，就是想快速的讓你知道：「嘿，快看這裡，這裡有一個生活高雅、品味卓絕、條件出眾的人，還不快來約我。」

沒錯，**他們的內在和討好者一樣，都是想要成為別人喜歡的人**，在這個出發點上他們並無二致，然而他們也從過去的經驗學到，一味的討好最終只會招致反效果，於是反其道而行，改用「誘惑」作為他們的主要策略，這樣一來，他們的身份就從追求者變成被追求者，用這樣的方法得到戀愛，不是輕鬆許多，也更有效率嗎？

誘惑者的特徵

- ☑ 總是在思考如何吸引別人的關注。
- ☑ 在社群媒體上的照片，精彩得不像是正常人會有的生活。
- ☑ 常會有意無意的告訴別人他行情很好。

進入關係後的挫折

我繼續問凱文：「那你花了多久的時間成為誘惑者呢？學習那些技巧也需要付出相當的心力。」

凱文說：「我從討好者到誘惑者的轉變是很順利的，一部分原因也許要拜我當時從事的業務工作所賜，讓我能從與客戶的應對中調整談吐、儀表，也學到了一些操控人性的小技巧，然後再將這些技巧轉化應用到戀愛上。差不多在兩年的時間內，我就從乏人問津的戀愛絕緣體，成為能和不同女生約會，看似受到異性歡迎的人了。」

當凱文說到這時，其實我很希望，接下來我聽到的劇情，是他和公主坐上旋轉木馬，從此手牽手過著幸福快樂的日子，如果他的旅程就到這，那也沒什麼不好，可是正如我前述所說，**步入交往關係對誘惑者來說是悲劇的起點**，因為人生終究不是童話，所有不符合自己真實模樣的東西，都無法長久，只會在相處後慢慢褪色。

凱文續道：「我在成為誘惑者以後，所面臨到的第一個挫折是，我不知道如何和女生相處，因為獵人們只為我示範如何狩獵，但沒有人告訴我，當我讓獵物為我折服後，我該做些什麼。我有想過要展現自己的真實，但我害怕她會發現，真正的我，並不像在社群上表現的那樣多采多姿，我也懷疑過，是不是該放下自己的武裝，可是這樣一來我更擔心，她會不會看透，在我光鮮的外表下，也有像男孩般的脆弱？」

我說：「簡單來說，你害怕的是被她知道，你不是她要的王子，而只是一個平凡人，對吧？」

凱文：「嗯嗯，我最深層的恐懼就是如此沒錯。」

我再問：「那麼在當時，你如何去面對相處的問題，你試圖做了什麼努力？」

凱文說：「為了相處的問題，我努力去尋找答案，甚至也上網詢問那些自封高手的獵人們，和所有人談過以後我發現，這些人只懂捕獵，但是卻沒有一個人能維持穩定的交往關係，所以一切的道路，只能由我自己去摸索。」

我說：「這想必又是接二連三的折磨了吧。」

凱文說：「是的，在我和某個女生進入交往後，迎來了感情中的第一次挫敗，那次的挫敗，是因為我在交往後鬆懈了下來，忘了這場表演還在繼續，我不經意做回了自己，此時對方恍然大悟，原來眼前的人從來都不是個白馬王子，而是個普通人，她帶著受騙的心情離開了我。」

我淡然說道：「如果你是演員，那麼你要嘛就是演到底，否則當你下戲，一切就結束了。」

凱文說：「是啊，可我當時完全沒學到教訓，後來又故技重施，再次和另一位女生交往，但熱戀期都還沒結束，我就遭到第二次打擊，原因是我覺得帶著面具好悶、好累，把面具拿下喘了幾口氣，但那個女生驚覺，原來我根本不是她要的，她立刻就和我分手了。」

我嘆了一口氣道：「這是何苦呢。」

凱文繼續說：「而且彷彿是報應似的，壓垮我的最後一根稻草，是我遇到了另一個棋逢敵手的誘惑者，我剛認識她時，是被她的甜美和率直打動的，她的一顰一笑完全就是我的理想型，可是在相處了幾個月後，我慢慢瞭解了她的真面目，我發現原來她也只是個普通人，但是因為她想誘惑我，所以刻意演出我會喜歡的那個樣子。但同樣的，她也藉由和我的相處，察覺到我不是她想要的類型，後來有一天，我和她雙雙知道，我們之間根本沒有真實，所有的相處都是假象。」

我說：「你們都很聰明，可以察覺到彼此的投射，但也因為如此，你們創造了一個幻覺去滿足對方的投射，這注定是沒有結果的戀愛。」

凱文說：「你說的正是我那時候的感覺，所以後來我醒悟了，我和她根本是沒有可能的，最後我斷然結束這段關係。」

凱文的故事令我憫然，人生中最大的慘劇，恐怕莫過於此吧，當你苦苦的想抓握愛情，愛情卻總溜出你手心，而當你看似能把握每段愛了，那些愛卻都不是你要的。

誘惑者，是拿著獵槍的討好者

說完上面的故事以後，凱文的臉色變得有些蒼白，顯然是因為回憶過往，讓他再次陷入了負面情緒，我們休息了一會後，他繼續向我陳述他的經歷。

凱文：「有一天晚上我開始思索，自己從一個無知的人，到成為討好者，轉化成誘惑者的這段歷程，到底出了什麼問題？這些年來，我付出了超乎常人數倍的努力，從外在條件看來，我的打扮、身材、收入都比過去好上很多，從內在來看，我的內涵、聊天技巧、對事物的見解，也都比過去更有深度了，可是我仍然感到痛苦，內心仍有一種深層的不安全感告訴我，這還不夠，你是不完美的，你還要再變得更厲害，這樣才會有人喜歡你。」

我說：「那你思考出了些什麼？」

凱文：「我開始察覺，我真正需要的東西，已經不是追求技巧了，那些東西就像毒品一樣，一開始很美好，但使用越多，自己越感到空虛。」

我說：「你的悟性很好，已經發現其中的不對勁了，當初我也曾走過這條路，所以完全能明白你的感受，其實你可以換個角度想，發明這些技巧的人，他們在使用的時候，是帶著怎樣的心情去出招的？」

凱文：「這就是我一直想不通的地方，還請你指點。」

我說：「你想想，為什麼他們會把自己當成獵人，把喜歡的人當獵物，這是不是就代表了，他們如果不去控制愛情，愛情就無法自然發生？為什麼有些人會把自己當成獎品，引誘別人來追逐他們，這是不是也代表了，他們若不去引誘，愛情就不會主動靠近？為什麼有些人總執著於「推進關係」？不對關係施加影響力，關係就只會後退了嗎？」

凱文：「我從來沒有想過這些問題，但經你這麼一說，這些人的內心似乎是自相矛盾的，我也是因為使用這些技巧，所以陷入了矛盾。」

我說：「很多年前，我在梳理這些技巧的過程中，領略到了『創招者們』背後的心境，**那是一種源於內在匱乏所構築的層層武裝，而卸下武裝的誘惑者們，其實和討好者無異**。我知道這麼說，可能會讓你有些困惑，討好者和誘惑者明明差了十萬八千里啊，光以追求技巧來說，兩者就不在同一個等級了，怎麼能說他們是一樣的？」

凱文說：「是內在動機嗎？他們的內在都是匱乏的？」

我說：「沒錯，你想想，討好者為何要討好？因為他們害怕，如果展現自己真實的個性，那麼別人會討厭他們，所以與其讓內在的自己被討厭，他們選擇用獻殷勤、當工具人的方式把自己武裝起來，如此一來，他們才具備了和人互動交流的勇氣。誘惑者為何要誘惑？因為他們擔憂如果把真實的自己攤在陽光下，那麼這樣一個毫無魅力的人，是不可能被喜歡的，所以初級的誘惑者，會用財富和外在條件來武裝自己，中級的誘惑者，則用才華和談吐作為社交的武器，高級的誘惑者，則更進一步去『扮演對方喜歡的人』來做到吸引。」

凱文苦笑：「這樣看來，我應該是高級誘惑者了，但我一點都開心不起來啊。」

我說：「因為你開始瞭解，**討好者和誘惑者在本質上是一樣的，他們打從心裡就認為真實的自己沒有魅力**、不值得被喜歡，不可能會被人青睞，所以他們才需要用各式各樣的方法包裝自己，討好者用付出和誠意來包裝，誘惑者用成就、才華，追求技巧來包裝，方法各有巧妙，但內在的匱乏實則一致。」

凱文聽完我的一番話，抬起頭深吸了一口氣，看起來既開心，但又因為知道了真相難過。

凱文：「我明白你的意思了，雖然我很不想承認，但你說的每一個字都打中我的內心，讓我知道自己是多麼脆弱不堪，如果我不拿掉所有的面具，做回真正的自己，那麼即使我在別人眼中多會追女生都是空虛的，不管我再談幾段戀愛，也永遠無法迎來真摯的愛情，對吧？」

我說：「戀愛可以很簡單，但你一直都把簡單的事情搞複雜了，這些年來你為了讓別人喜歡，你偽裝成各種角色，可是到最後你卻忘了自己是誰，換句話說，你一直期望別人能接受你，可是你卻無法接受那個純真質樸的自己。」

凱文問：「那我該怎麼做，才能擺脫這個無限的負面輪迴呢？」

我說：「這就是我真正想告訴你的事了，讓我們換個話題，從你的內在開始聊起吧。」

戀愛的初心是為了幸福，而非佔有

我認為，談戀愛的目的不是為了贏，也不是為了佔有，更不是為了享受你擄獲他人芳心的那種快感，而是為了幸福的本身。

換言之，如果某個人喜歡上你，但他喜歡上的只是幻象，而非真實的你，不論這份幻象是你刻意製造的，或是他自己想像出來的，我認為那對你來說那都不是件好事，你只在浪費時間談一段虛無飄渺的愛情，或許熱戀時你可以從纏綿中得到一時的激情，但之後只有無盡的空虛。

可是在我們所處的現在，社會的氛圍都太重視擁有了，人們將單身的人貶低成失敗者，將匱乏的誘惑者們奉為高人，且幾乎所有的戀愛教學都在告訴你，不要想太多，先把喜歡的人追到手就對了，反正先讓他愛上你，其餘的以後再說，為此男生努力去學習製造浪漫，女生學習曖昧調情，最終大家把戀愛談得像是爾虞我詐的戰爭，而忘卻了你的初心只是為了幸福。

如同討好者一般，誘惑者最大的敵人只有自己，如果你沒有勇氣去承認——不管你再有魅力，世界上依然有人不會喜歡你，那麼你的誘惑者之路將無法終結，直至你把面具剝下的那一天。

誘惑者的心智模型

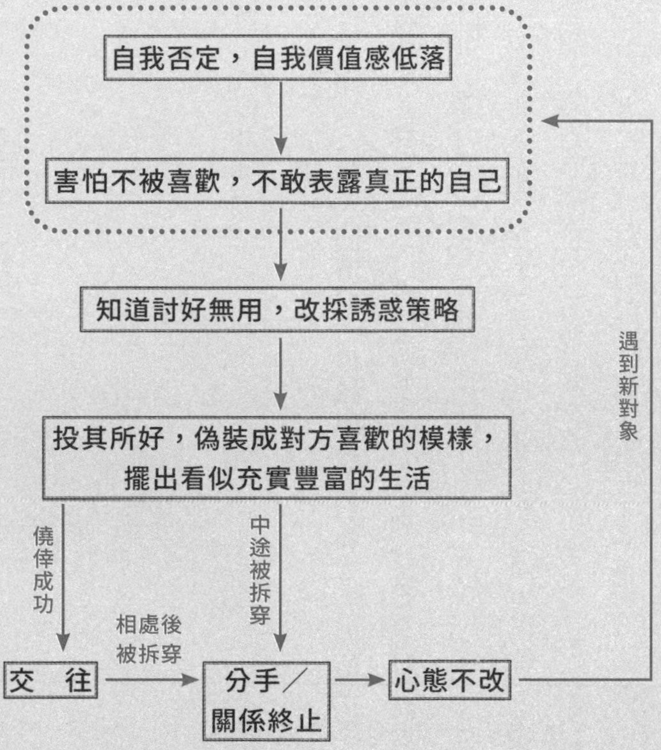
自我否定，自我價值感低落
害怕不被喜歡，不敢表露真正的自己
知道討好無用，改採誘惑策略
投其所好，偽裝成對方喜歡的模樣，擺出看似充實豐富的生活
僥倖成功
中途被拆穿
交　往
相處後被拆穿
分手／關係終止
心態不改
遇到新對象

03 競價者

競價者，是介於討好者和誘惑者之間，揉合了兩種心態所誕生，內心極度矛盾的族群。

他們喜好**用條件來衡量一個人的價值，再藉由自己與對方的價值差距，來決定自己要用什麼態度和別人相處**，倘若對方的價值高於自己，他們會顯露出討好者的殷勤樣貌，若是對方低於自己，則又擺出誘惑者的高傲姿態。

這也造成了他們在擇偶上的困境，一方面想選擇更好的對象，另一方面卻又受限於自身的思考框架，看到心儀對象高過自己自覺配不起，有人主動示好他們又看不上。

也因此對多數的競價者而言，他們看待伴侶的角度並不是擇己所愛，愛己所選，而是認為自己的條件比上不足，比下有餘，所以只好「將就」一下找個和自己差不多的人在一起。

而由於他的愛情缺乏甘願，只是靠著將就來支撐，當熱戀期已過、激情褪去，便會覺得愛情食之無味、棄之可惜，有些人會選擇斷然分手，再從另一個對象身上找到激情，企圖藉此為愛情添加柴火，也有些人會催眠自己說，愛情走到最後就是會歸於平淡，讓自己的初心在一段關係中慢慢枯萎。

要深入他們的世界，就不得不由「自信」這件事開始說起。某一次有聽眾問我：「請問教練，如果一個人的自信過多，那是不是就會變成自大？」

我說：「不是的，這其實是一個常見的誤解，你試想看看，一個人的自卑怎麼來的？一定是你碰到某個人，他在某方面比你優秀很多對吧？」

他點點頭，我繼續說：「照這樣推斷，自大什麼時候會顯現？就是你比其他人強很多，那這樣一來，不就只剩下你和大家都差不多的狀況下，你才會有自信嗎？但很顯然你也知道，最後一個推論是有問題的，所以反證即可得知，自信過多永遠不會變成自大，因為自信不是透過比較來建立的。」

真正的自信是，你知道自己是誰，想成為怎樣的人，想過怎樣的生活，所以你對自己「擁有的一切」有高度的認同。

舉例來說吧，一個有自信的人是這樣思考的：若你是個公務員，當你看到朋友們創業賺了大把銀子，你不會羨慕也不會哀怨，你會笑著說「這樣挺好的，他過上他要的生活」。

然而若你創業成功，事業有成，當你看到朋友們考上公務員可以有閒情逸致，過上溫馨的家庭生活，你也不會流露輕蔑，相反的，你會說「看到大家都過得很幸福，真好」。

在自信者的眼中，財富有多寡，能力有強弱，但身為人的價值並沒有高低。

可是對於自卑者和自大者來說，他們眼裡所見的世界，什麼事都非要分個高低，所以走路的羨慕騎車的，騎車的羨慕開車的，開車的羨慕搭飛機的，搭飛機的羨慕走路的，永遠在比較，永遠在競爭。

由於不清楚自己想成為怎樣的人，缺乏一個穩定的支點，他們的內心狀態永遠是飄盪的，不知道自己的價值何在，於是只好不斷的透過比較來給自己打強心針，比贏的時候感到優越、自大，比輸的時候感到可憐、自卑，而這正好就是競價者內心狀態的最佳寫照。

若你明白上述的觀念後，接下來我要說明的競價者的困境，你就很容易理解了。

競價者容易遇到的困境1：無法和優於自己的人交往

在競價者的眼裡，任何人的價值都是可以被量化的，一直以來，他都依賴著這樣的觀念生存至今，這猶如為他自己戴上一副有色眼鏡，扭曲了客觀世界的現實。

我有個女生朋友是企業三代，家境優渥又在地方有一定的影響力，她本身是一個內在豐盛成熟的人，父母也十分開明，完全尊重她的交友選擇。

然而有幾位和她交往的男性，在交往後發現她家世如此顯赫，自覺配不上她，因而自慚形穢，默默淡出關係，捨棄了原本可能幸福的愛情，但幸好她並沒有因為數次受挫就放棄戀愛，而是能保持本心，積極的去培育自己的好感森林（將於P.189介紹）。後來她遇到了一位有智慧的男生，此男生雖只是一般人，但不為條件差距所惑，能平等的看待倆人的關係，交往後雙方都覺得無比契合，現已結婚邁向人生的下個旅程。

我想透過這個故事告訴你，為何競價者總是會和愛情擦肩而過，當然我知道有人會不服反駁：「或許在另一個平行時空，這個女生會和其他男生步入禮堂也說不定啊？」

是的，他說的一點都沒錯，這也正是我想深入探討的事，如果一個人進入一段關係後，常覺得自己配不上另一半，內心會產生怎樣的化學反應，進而怎樣影響到感情呢？

以我的經驗來看，這個人起初會是喜悅的，他會陶醉於自己達成了某樣成就的興奮感中，通俗一點的說法，他是賺到了、撿了便宜、多佔了好處，可是這樣的快樂不會持續太久，因為只要他的理智還在，他必然會覺得「既然我是撿了便宜的一方，那我應該就要多做些什麼。」

這種想法就是俗稱的「補償心理」，因此日後他若是遇到爭吵，多半會選擇忍讓，而不是坐下來好好溝通想法，遇到衝突，他會把事情往肚裡吞，而不是好好表達自己的感受，這一切的起因都是源於他自覺虧欠，所以用彌補的方式去經營感情。

那你說，如果一段感情之中，有一方總是感到委屈，時日一久，能不出問題嗎？委屈累積久了，總有一天會爆發，屆時雙方爭吵的點，將不是事件的本身了，委屈的人會說「我為你做了這麼多，你為什麼都看不到」，另一方則會說「你不爽為什麼你平常不講，要忍到自己受不了才爆炸呢」。

至此，傷人的話已出口，覆水難收回，倆人都得花上十倍的心力，才有辦法修補這段關係。

競價者容易遇到的困境2：無法和劣於自己的人交往

時下的電視劇裡，有幾句很常出現的台詞，是用來描述條件差距的，反應的也都是競價者心態，諸如：

「你也不掂掂自己幾兩重，還想和別人交往？」

「我看你是癩蛤蟆想吃天鵝肉，沒有自知之明。」

「也不去照照鏡子看看自己是誰。」

而且對競價者說，男女之間有個有趣的分歧點，男生會以財權為傲，女生則憑恃美貌而驕。所以**若一個男生說女生配不起自己，指的多半是她美貌不足，女生說男生配不起自己，則是指他的經濟能力和地位不夠**。

也因此，當他們「意外」的和比自己低下的人交往時，內心會覺得自己吃虧，受到委屈了。

就和補償心理一樣，抱持「吃虧心理」的人，會迫切的想從對方身上多撈些什麼、討回些什麼。

比如說男生會要求女生煮飯、洗衣、做家事等等來伺候自己，女生則會要求男生接送、買禮物、掏錢來顯現他的寵愛，甚至在這些基礎上，更進一步提出在旁人眼中遠超常理的任性要求。

那試問，有誰能無止境的接受另一半予取予求呢？

沒有。在我們心中，追求的都是一段互敬互愛，攜手前進的關係，地位的不平等只會帶來一方的壓迫，和另一方的委屈。

相似的情節，也常發生在嫁娶時，本來雙方說好不收聘金，聘金只是擺桌上讓長輩有面子、走個過場，不會真的拿走，為此男方也大方拿出大把聘金，有的人知道對方不收聘，也樂得將小聘升級大聘，大聘再升級超大聘，可誰知過場後，女方父母不願返回聘金了，這時男方父母一定覺得自己吃虧了，未來必定會祭出各種手段，「好好對待」嫁進家裡的媳婦，這樣的故事也不少見吧？

競價者容易遇到的困境3：陷入假性平衡

競價者不是笨蛋，除了心態上的漏洞以外，他們也知道「高攀」和「下嫁（下娶）」會產生不良的後果。

因此他們最終為了取得內心平衡，八成會選擇一個條件和自己差不多的人交往。比如說，小開會配上小模，富商會配上女明星，郎才女貌，不正是這麼一回事嗎？

但是，故事並未從此就幸福了，進入婚姻後，往往才是對關係真正的考驗，有朋友可能會問：「他們的條件不是旗鼓相當了嗎？那不就自然消除了最大的心魔？」

非也，**他們只是達到了「假性平衡」，就好比走在鋼索上的人一般，短時間內看來平衡感保持得很棒，但只要稍有差池一步走錯，這段關係就會墜入深淵。**

你想想看，富商和女明星之間的婚姻，在什麼時刻平衡性是最棒的？不外乎就是結婚的那一刻了，對吧？富商的事業正值巔峰，女星的知名度和美貌同樣在峰頂，是再匹配不過的組合了。

可是，我們不也沒少看過，這些組合最後離異的新聞嗎？通常會是些什麼原因導致的？可能是富商經商失敗破產了，於是女星悄悄改嫁，又或是幾年後女星年華老去，狗仔們披露了富商的婚外情，富商再娶嫩妹，當然，也不排除有我們沒猜到的原因，但關鍵都是平衡被打破，所以他們的關係碰上了前述所說的競價者困境。

這是**我非常不推薦你以「條件相等為前提」去建立一段關係的的原因，因為你很難保證自己的事業、美貌、財富、名聲永遠日正當中**，即使你能做到，你也很難預測，懷揣同樣想法的另一半，是不是會有飛黃騰達的一天，屆時你們的假性平衡還是會失去控制。

競價者的特徵

- ☑喜歡替別人打分數，也給自己標上分數。
- ☑當別人的分數比自己高，會變得自卑、怯懦。
- ☑當自己的分數比別人高，會顯現自大、高傲。

・包藏在假性平衡中的罪魁禍首：回本心理・

要徹底跳脫競價者的困境，我認為關鍵在於「拋棄回本心理」，我用吃到飽的概念為各位解說，你們很快就能懂了。

吃到飽曾是盛行於台灣大街小巷的消費模式，至今也仍有許多餐廳以此為噱頭招攬客人。

我有一位朋友，曾經是吃到飽達人，每次有新的吃到飽餐廳開幕時，總可以見到他在社群分享食記，為大家細細剖析，哪樣食材進貨成本最高、飽足感又最低，用什麼樣的策略才能吃回本，他的專業和鉅細靡遺的程度，每每都讓我讚嘆，他不當餐廳的採購太可惜了。

有幾次應他的盛情邀約，我也跟著他去打打牙祭，席間他總會為眾朋友們示範，他是如何在有限時間內，將火力全數集中在高成本食材吃到回本的。

由於工作繁忙的關係，我們有幾年時間斷了聯絡，後來逛賣場時意外遇到，就約了一起吃飯，這次的餐廳也是他挑的，而令我大感詫異的是，他沒有再挑吃到飽餐廳，而是選了一間精緻的日本料理店。

當天餐敘時我笑問他：「這幾年怎麼都沒看你吃吃到飽，是不是上了年紀戰力減弱了？」

他有點不好意思的抓抓頭說：「不是吃不下，是每次都吃吃到飽，太沒意思了。」

我說：「你這幾年是發生什麼事了？這不太像是你會說的話阿？以前你的樂趣不就是吃到飽嗎？」

他回：「說來慚愧，以前我以美食達人自居，但每次去吃吃到飽，目的都不是為了吃飽，而是為了吃回本，每次都在斤斤計較我還要吃多少東西才夠，所以有幾次吃完回到家，肚子都撐得很難受，馬上就拉肚子了。後來我就一直在思考，到底吃飯這件事的本質是什麼。」

我：「嗯？」

他：「我回想起，最初我會想要吃吃到飽，只是因為我可以盡情吃我喜歡的東西，而且餐廳的菜色很多，一次可以有多重享受，那樣單純的快樂，在我開始想著要吃回本之後，就完全不見了。」

我：「原來如此，那現在你還吃吃到飽嗎？」

「當然！我只是沒吃得那麼頻繁罷了，而且我開始會點一樣我以前從沒吃過的東西，你猜猜是什麼？」他神祕的說。

我：「該不會是……，你以前大力呼籲我們絕不能拿的炒飯？」

他的眼神充滿了光采：「完全正確！我跟你說，一個真正的美食達人，如果錯過了那間餐廳的炒飯，那就稱不上懂得享受了。」

話匣子一開，他又開始滔滔不絕的和我分享美食經，但和從前不同的是，這次他再也沒提過「食材成本、回本」這些關鍵詞了，現在的他反而提倡，即使是吃吃到飽，也只能吃到八分飽，才能享有最棒的用餐體驗，才會有吃完美食後的「回味無窮」。

戀愛是為了享受，不是為了回本

我想告訴你的是，吃到飽一定要「回本」的人，跟單純是「重視享受」的人，不正好很像我們談戀愛的心態嗎？

用回本心態在戀愛的人，他們已經忘了戀愛的初衷是什麼，對他們來說戀愛是不能吃虧，不回本不罷休。

而對享受心態的人來說，**戀愛的過程本身就是目的**，他沒有一定得到什麼。

在此請你留意，我並不是說，你不能為擇偶定條件，不能設門檻，不能立下準則保護自己，你還是可以的。畢竟我們在找的人是靈魂伴侶、是夥伴、是隊友，謹慎一點，對雙方都是好事。

然而，你更該注意的是，你自己的心態是不是正向的？你是帶著「匱乏的回本心態」在看待世界，還是帶著「豐盛的享受心態」和人互動？

匱乏和豐盛是一線之隔，看起來很相像，但出發點和動機完全不同。

匱乏的人是純粹的利己主義者，他不會願意為對方多付出一分，在他的世界裡只有計算、利益共生、各取所需，所以他們談愛情的方式很像是在找傭兵，只是因為貪圖你身上的條件而和你暫時組隊，但若危難當前他會毫不猶豫地拋下你。所以我常說，和匱乏的人談戀愛，不要妄想他一開始就能成為你的神隊友，這是很困難的，因為他們打從骨子裡，就認為自己是傭兵。

豐盛的人則是能自利，也能利他，所以他在愛情中尋求的是夥伴關係，是對等的存在，為此，他永遠願意當率先付出的人，他重視的是互相，攜手並進，共存共榮。

如果上述的觀念你都真正悟通了，你也會發現，其實在愛情中，你的敵人不是競爭對手，也不是另一半，你唯一的敵人只有你自己，唯一需要超越的人也只有你自己。

超越條件論的思想綁架，你就可以超越自卑，超越自大，超越內在的匱乏，自然顯現你內心豐盛美好的一面，而當你能做到如此了，有更高的機率同頻率的人會被你吸引，屬於你的戀愛自然會發生在你身上。

競價者的心智模型

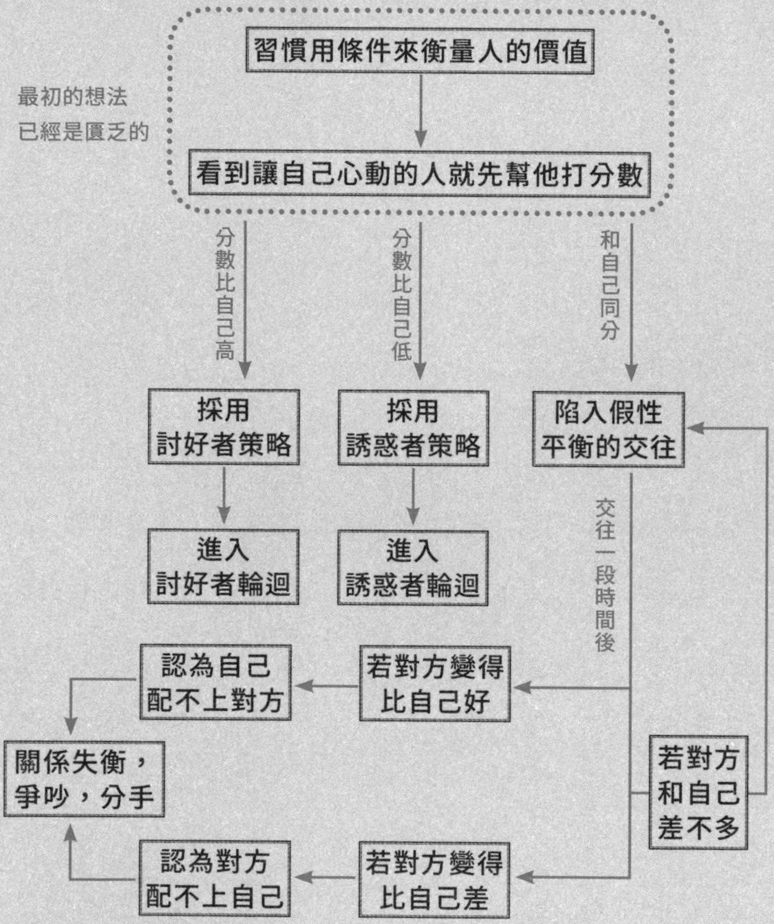
最初的想法
已經是匱乏的
習慣用條件來衡量人的價值
看到讓自己心動的人就先幫他打分數
分數比自己高
分數比自己低
和自己同分
採用
討好者策略
採用
誘惑者策略
陷入假性
平衡的交往
進入
討好者輪迴
進入
誘惑者輪迴
交往一段時間後
若對方變得
比自己好
認為自己
配不上對方
若對方
和自己
差不多
關係失衡，
爭吵，分手
若對方變得
比自己差
認為對方
配不上自己

超越者：改變內在才能調整互動

L O V E

1 L 520 Where

3 O 0487 is

1 V 990 my

4 E 258 love?

CHAPTER 2

我很高興你已經翻閱至本書最重要的章節——超越者。這是本書的核心，後面會提到的戀愛模型、得失心、好感森林、釋放意圖等內容，也都是以此為出發點而貫穿的。

在說明超越者之前，我希望你先瞭解，超越者並不是一個高高在上的境界，雖然從字面上的涵義看來，有些人可能會以為超越者是凌駕於討好者、競價者和誘惑者的，但事實正好相反，超越者是很平實的，他從來沒有和其他人競爭的念頭，因為人一旦開始競爭，就會陷於執著求勝，偏離了自己珍視的東西。超越者只專注於超越自我，讓自己的豐盛綻放開來。

01 拿掉偽裝，找回真實的自我

回到凱文的故事，透過我的提示，凱文明白了，如果他不把外在的偽裝拿掉，就不可能脫離誘惑者的世界，找回真實的自我。

凱文問：「我知道誘惑者的路不可行，但我不懂的是，如果我不去討好，也不去誘惑，那我要如何和別人互動？一直以來，我都是靠誘惑來戀愛的，但現在我若捨棄他們，不就像是沒有獵槍的獵人嗎？我要怎麼吸引到我想要的女生呢？」

我說：「我記得你從事業務工作，業績不錯，對嗎？你用銷售的思維反推就能想通了。」

凱文好奇道：「嗯？什麼意思呢？」

我說：「在你經手過的這麼多客戶裡面，每一個客戶你都得討好，或是誘惑他們，才有可能成交嗎？不這麼做，生意就做不成？」

凱文說：「當然不是的，我們通常會對症下藥，喜歡別人逢迎的客戶，我們在服務的過程中就會多點討好，喜歡虛榮浮華的，我們就會加點誘惑，但對於真正識貨的內行人，我們只要展示出商品的優缺點就夠了。」

我說：「你的最後一句話，不就是答案了嗎？」

凱文思考了一會，隨即又問：「我知道了，你的意思是我就算不討好不誘惑，只要展示真實的自己，一樣會有人喜歡我，可是以銷售來說，我總會碰到某些客戶，他是不誘惑就無法成交的，那這樣又怎麼解？」

我啞然失笑：「可是談戀愛並不是在銷售，你不需要去成交每一個人，你只需要展示真實，讓喜歡你的人能看到你、認識你、瞭解你，這樣不就夠了？」

凱文沉思了一會，眼神忽然亮了起來：「你這麼說我大概懂了，但我還有最後一點點的困惑，如果我說，我完全知道要如何展示真實的自己，可是內心總有個障礙跨不過，那我該怎麼辦？」

我說：「這就是我要請你回顧過往的原因了，你想想看，當你還是一個討好者的時候，你為何要討好，而在你的誘惑者生涯中，你又為何要誘惑？你在害怕什麼？」

凱文說：「我想想……，我害怕沒有人會喜歡真正的我，所以我才要用這些東西來包裝自己。」

我說：「沒錯！過去的你對自己沒有信心，因此你給自己的心智做了一個假設，那就是『沒有人會喜歡真實的你』，也因此你才會不敢去展示自己，並且極力去隱藏那份真實。所以若你要跨越這道關卡，那麼重建信心就是你最重要的課題。」

成為超越者的關鍵：自信心

找到真正的問題以後，事情就好辦了，接下來我為凱文說明，如何用系統化的方式，完整的檢視自己的自信藍圖，凱文跟著我的指引，一步步去檢視自己最微小的念頭，慢慢放下匱乏的想法，也重新建構了豐盛的信念，這不是一個輕鬆的工程，他足足花了兩天的時間，才達到我要求的標準，徹底清理了內心的陰影。

某次的練習結束後，凱文說：「這幾天我花了很多時間梳理自己深層的信念，這讓我回想起，當我還是個小男孩時，明明還保有很真實的自信，不害怕和任何人交朋友，也不管對方是男孩女孩，我都能釋出善意和他們玩在一塊。可是長大以後，那份真實卻被我弄丟了，我學會把人分級，用外貌、成就、條件來為對方評分，然後再把他的分數和自己做比較，判斷自己是否夠格和他交上朋友，是否夠格追求。可是我卻從沒想過，會不會夠格這件事，本身就是虛幻不實的？夠格與否到底誰說了算？」

我說：「那你現在知道是誰說了算嗎？是你自己說了算。」

凱文一愣，旋即露出一個燦爛的笑容：「確實是我說了算，是我給自己的心智做了那樣的設定。」

我說：「當你用那樣的方式去設定心智，那麼夠不夠格的想法，就會如影隨形的跟著你，所以當你是一個討好者的時候，你會因為自認不夠格，所以才表現得卑躬屈膝，用討好來追求，而當你是一個誘惑者時，那就更不用說了，那代表你一開始就自認不夠格，所以才需要用層層的包裝將自己包裹起來。」

凱文問：「所以夠不夠格這件事，根本就不存在對吧？」

我說：「對過去的你而言，因為你的內在缺乏信心，所以你才會認為自己不夠格，但現在的你知道，做自己是可以是有魅力的，做自己也會有人喜歡，所以夠不夠格的匱乏感就不攻自破了。再說得簡單一點，**人的能力雖然有強弱之別，身材也有高矮之差，成就亦會有大小之分，可是在靈魂的高度上，所有人都是相等的。**」

那天的輔導結束後，我建議凱文到附近熱鬧的街區走走，感受一下他在拔除了負面的想法後，內在的思維有何不同。

晚上他捎來訊息說：「傍晚我走在路上，我發現自己看待人的角度不同了，以前的我總喜歡為人打分數，但現在當我走在街上，我放眼望去看到的每個男男女女，他們身上的分數都消失了，這種感覺很奇怪，但又讓我覺得很舒服，有一種很深層的踏實感。」

我說：「因為你專注的再也不是他們的皮相，而是能直透他們的內心，瞭解他們的生活方式、價值觀、靈魂，而那也才是對交往來說最重要的事。」

02 超越者的本質

每個人的心中，都存在著超越者的本質，那代表了最真實的你，只是多數人把戀愛想得複雜了，所以用層層的包裝把真正的自我掩埋起來，甚至自欺欺人，以致於忘了自己是誰。

回想一下，當你和你最好的朋友相處時，在那個放鬆舒適的氛圍下，你是如何應對進退的，那時候的你看起來很有自信對吧，你可以直接表達你的感受，想說什麼就說什麼，你的眼神是帶著光的，聲音是堅定的，而且最棒的是，你在那一刻把自己的世界擴大了，讓朋友的世界和你融合在一起，所以你和朋友互動時，不是只自顧自的發言，而是能顧及到對方的感受。

你是如此的有自信，所以狀態也處於前所未有的從容，你沒有一絲想從朋友身上獲取任何東西的念頭，所以你不會去討好，你也沒有想讓自己去滿足朋友心中的投射，所以你更不可能會去賣弄、炫耀、誘惑。

你和朋友的地位是平等的，而且這種平等不是透過條件堆砌，也不是用什麼「顏值x個性x財力x內涵」等方式比較後得到的假平等，這種平等是基於最深層，人與人之間的相互尊重。

你很重視他，因為他是獨一無二的，你重視自己，你知道自己也是獨特的，兩個獨特的靈魂因為緣分而相聚，這使得你們非常珍惜這份情誼。

而超越者的愛情，和你與好朋友之間的情誼，是高度相似的，只不過它是再多增加了情欲這項元素。

也因此，如果你把超越者和其他人的心態做比較，你會很容易看透他們的本質有多麼不同。

以討好者為例，他談的是**尊卑之愛**，因為努力想抓住愛情，所以做出討好和付出的行為，並企圖藉此換取被愛。

以誘惑者為例，他談的是**征服之愛**，因為太想用魅力征服他看上的對象，所以極盡所能的去誘惑，讓別人為他所傾倒。

以競價者為例，他談的是**條件之愛**，他先透過條件把人分出高低，然後一面想高攀別人，另一面又害怕自己被佔便宜，所以時時計算著，如何用現有條件發揮最高效益，讓自己和ＣＰ值最高的人在一起。

而當你細看以上三者的愛情觀，你會發現表面上他們在付出，可是實際上都是在索取，但超越者所看重的並不是這些，他所談的愛情是**靈魂之愛**，比起「我能得到什麼」，他更重視的是「我能給予什麼」。

那具體來說，什麼是靈魂之愛呢？讓我用一個小故事為你說明吧，某天，有一智者遇見了一位正在享用魚肉的年輕人，於是他問：「年輕人，你為什麼吃這條魚？」

年輕人答：「因為我愛魚」

智者說：「哦，你愛這條魚？所以你將它從水裡撈起來，把它宰掉再煮了它？」

年輕人啞然。

智者接著說：「別告訴我你愛這條魚，你愛的是你自己。因為這條魚嘗起來鮮美可口，所以你把他撈起來煮了它、吃了它。」

這個故事是我從一位猶太智者身上聽到的，我認為匱乏的戀愛動機，就好比是這樣的，很多時候當一對男女相遇了，他們是看到彼此身上能滿足自己生理和情感需求的東西，他們把這種感覺稱為愛，但那並不是愛的真義。

真正的愛是，我本身就是豐盛的、我自給自足、我自帶光芒自帶快樂，所以我不需要從你身上索取任何有形無形的東西（但這不代表你要選一個失業酗酒又有情緒問題的人在一起，這是兩回事）。

所以我想你應該慢慢瞭解，超越者心態為何物了，它不是一個遠在天際需要你裝上翅膀、費盡力氣去抓取的東西。

超越者的心態一直在你心中，前提是，**你得放下控制別人感覺的想法，將注意力專注在你的生活，並讓內心溢滿對世界的善意**。

四種不同的愛情觀

討好者	尊卑之愛	用討好換取愛情，讓對方感動但沒心動。
誘惑者	征服之愛	以征服別人為目標，但沒有樂在其中。
競價者	條件之愛	利益交換的關係，形式上的門當戶對。
超越者	靈魂之愛	真正豐盛的愛，基於深層的欣賞與尊重。

03

阻礙你成為超越者的三個關卡

前面我所告訴你的，都是我認為超越者應具備的思維，我猜有人會說，這些道理他都懂，可是知難行易。

沒錯，我同意在沒有嚮導的情況下，你的確很容易走上歧途，以凱文為例，他的反應很快，悟性也很好，但在沒人提醒的情況下，也無法察覺自己的盲點，這一路上也有太多太多的陷阱，是你很難察覺的，尤其越聰明的人，在成為超越者的道路上，遭受的挑戰會更大。

有幾個關卡，是我認為會對你造成最大障礙的：

一、深陷付出的沉沒成本

人性是這樣，當你投注在某些事物上的心力越多，你就越無法割捨，即使你知道自己的決定是錯的，但因為你已經付出太多，所以使得你無法接受現實，瀟灑的轉身離去，你就像是賭徒一樣，輸越多下注越大，希望下一把能一次贏回來，所以永遠離不開牌桌，而這不就是討好者最好的寫照嗎？

很多討好者心裡明知等待是無望的，但還是選擇用等待來感動對方，但最後他們感動的往往不是別人，而是自己，這種自我感動背後代表的就是因為付出太多，所以不甘心不願放手，你以為默默的等待很偉大，但看在對方眼裡，你只是在糾纏。

想要通過此關，你就得接受現實——不管你再怎麼做，這個人就是不可能會喜歡你的，他只是你生命中的過客，無意為你停留，因此你能做的，就是大方和他道別，朝你自己的路走。

二、被技巧所控，而不是駕馭技巧

然而，不是所有人都能接受現實的，對很多人來說，接受現實意味著自己被打敗了。在此階段，只有少數的人因有貴人指點，能直接躍升為超越者，但也有更多人仍無法接受現實，他們受夠了不被重視，受夠了不被喜歡，受夠了苦苦等待卻沒有結果。

此時他們將會墜入更黑暗的深淵，開始鑽研人性心理，思考說什麼話可以瞬間贏得好感，該做些什麼，讓對方感覺他是獨特的，讓別人眼裡都是粉紅泡泡而失去理智，如何欲擒故縱，來挑動他人的得失心，吊足他的胃口，進而讓對方喜歡上自己。

走到這一步的人，無疑就是個誘惑者了，此時他已經不是在使用技巧，而是反被技巧所控。

對此一階段的人來說，如果他的手腕夠好，接觸的對象夠多，找個人談戀愛已經不是難事，但隱隱約約的，他會從相處中慢慢察覺，好像有什麼不太對勁——為什麼我已經得到我要的，但我還是感覺不到被愛，也沒有從愛情中得到更多快樂。

最終他會困惑，眼前的這個人，到底是喜歡真正的我，還是他只是喜歡我用技巧營造出來的魅力？如果答案是後者，那我的努力又有什麼意義呢？

這份反思出現了，他就會跳脫此關，進入到第三個關卡。

三、卡在做自己和不做自己的掙扎

最後一個關卡，也是最終的心魔，就是很多人打從心底認為——自己是沒有魅力的。他們常會跟我說：「我也知道要做自己啊，可是真正的我既懶惰、小氣，又沒有上進心，怎麼可能會有人喜歡我？」

也曾經有人和我說過他的恐懼：「我擔心做自己以後，這個『自己』卻和世界格格不入，並且會被別人所唾棄。」

我說，會落入這種觀點的人，本身已經被思考所侷限了，這種思維來自於他們總是用「負面的眼光看自己」，並且一廂情願的希望別人可以「對他們的缺點照單全收」。

為什麼這麼說呢？就從個性這件事開始談起吧！

我認為一個人個性的初始，本身是沒有好與壞的，他只是一種單純的特質，呈現了你這個靈魂本身所帶有的某種傾向

比如說有些人的特質，天生就是敏感而纖細的，他們做決定前會再三考慮，行動前會顧慮到旁人的想法。

這樣的特質如果是負向發揮，人們會說他是杞人憂天、想太多、膽小、缺乏行動力。但如果是正向發揮，我們會稱讚他做事細心，深思熟慮，懂得規劃和分析。其他還有很多特質，也都呈現這樣的兩面性，比如說小氣和節儉，固執與堅持，散漫與隨興，它們都是特質經過發揮後呈現的結果。

而你要做一個正向、細心、有遠見的自己，還是做一個負向、膽小、想太多、缺乏行動力的自己，你是有選擇權的。

我不是說你非得要正向不可，如果你思考過後，選擇讓自己的特質都呈現負向發揮，那也完全沒問題，但你要承受的就是孤獨和不被理解，因為當你讓特質負向呈現時，必定會傷害到他人，也會讓自己像隻刺蝟一樣，把想接近你的人拒於門外。

反之，如果你想要和別人建立關係，那你應該專注的，就是正向發揮自己的特質，成為更好的自己，這時候你會需要一些技巧來幫助你，這也是技巧存在的意義，它可以幫助你展現美好的自己，但不是要你去假造不屬於你的特質。

‧自然散發你獨有的魅力‧

明白這點以後，當你能掌控自己如何去發揮特質，那「做自己就一定沒有人會喜歡你」的矛盾心態也會不攻自破，你會知道「做自己」和「有魅力」是可以圓融並存的，這件事完全能為你所控。

再者，我也很少看到有人是真的一無是處，沒有任何正向特質的，我更相信的是，這些人心理上有一種「輕視自己的匱乏感」。

因為匱乏感的作用，如果你要他們去做自己，他們就會在別人面前表現出自己最差勁的樣子，等到別人因此不敢靠近他了，他們就會和你說：「你看吧，我就說做自己不管用，做自己就是沒人會喜歡我。」

甚至我也看到，很多人進入一段關係後，他仍無法停止這樣思考，所以他們會不斷去測試和激怒伴侶，挑戰對方的底線，等到伴侶真的生氣了，他也會說：「我早就知道你不是喜歡真正的我。」

那你說，當一個人是這麼思考的，他又怎麼可能會有魅力呢？

他們從來沒有去想過，真正的做自己，並不是毫不顧慮別人的感受去放縱自己。做自己應該是帶著關懷和同理，在與人互動時表達自己的善意，同時也用別人能接受的方式來交流。

04 真正的花若盛開，蝴蝶自來

跨越以上的三個關卡後，你就具備了踏入超越者之旅的基本素質了，但能否跨越，跨越的時間多久，是因人而異，因努力而異，也因你陷入的深度而異，深陷其中的人，固然會體驗更多的矛盾、痛苦，但這些苦楚的累積，也會成為你超越的推動力。

至此，你會真正體悟「花若盛開，蝴蝶自來」的真義。

你會看到，很多把這句話掛在嘴邊的人，他們養花的目的根本不是為了盛開，而是為了吸引蝴蝶。

但你不同了，你知道讓**花盛開的目的，只是為了花的本身，讓這朵花自己活得開心**。

而且你也能客觀的去接受，即使你這朵花再美麗，也不是每隻蝴蝶都懂得欣賞，也因此你就不會去在意那些沒有為你停留的蝴蝶，因為他們有他們的人生，而你有你的。

你唯一要做的，就是**問自己，是否活出了這朵花本身的生命**，而有一天，自然會有屬於你的蝴蝶到來，你是錯過了你該錯過的，但你也得到了你該得到的。

・超越自己，迎向更美好的自己・

超越者不是帶著競爭心在前進的，他從頭到尾專注的，始終只有超越自己，他最大的敵人，也只有自己，所以在這本書裡，我將從諸多不同的角度來為你解說，讓你瞭解如何先從內在改變自己，再慢慢從行為上去調整和別人的互動，使你潛藏的超越者光芒綻放出來。

而為了讓你能更具體的領悟到，要成為一個超越者，你得超越些什麼，我把你在這條路上所會歷經的障礙條列如下，在之後的每一個章節中，我會帶領你去超越：

1. 一見鍾情的非理智迷戀
2. 該不該先當朋友的困惑
3. 因欠缺戀愛模型導致的假心動

4. 贏過別人的求勝心
5. 因條件不如人產生的內在匱乏
6. 得失心太重的折磨
7. 缺乏異性朋友的窘境
8. 對於誘惑、展示和吸引的錯誤認知
9. 不會加溫情感的茫然
10. 對於推進關係的執迷
11. 控制他人喜歡上你的欲望
12. 不知何時該確認關係的掙扎

當你能超越這些事對你的影響，並專注在自己的生活以後，戀情的萌芽，某個你喜歡的人也恰巧喜歡你，不過就是自然會產生的現象而已。

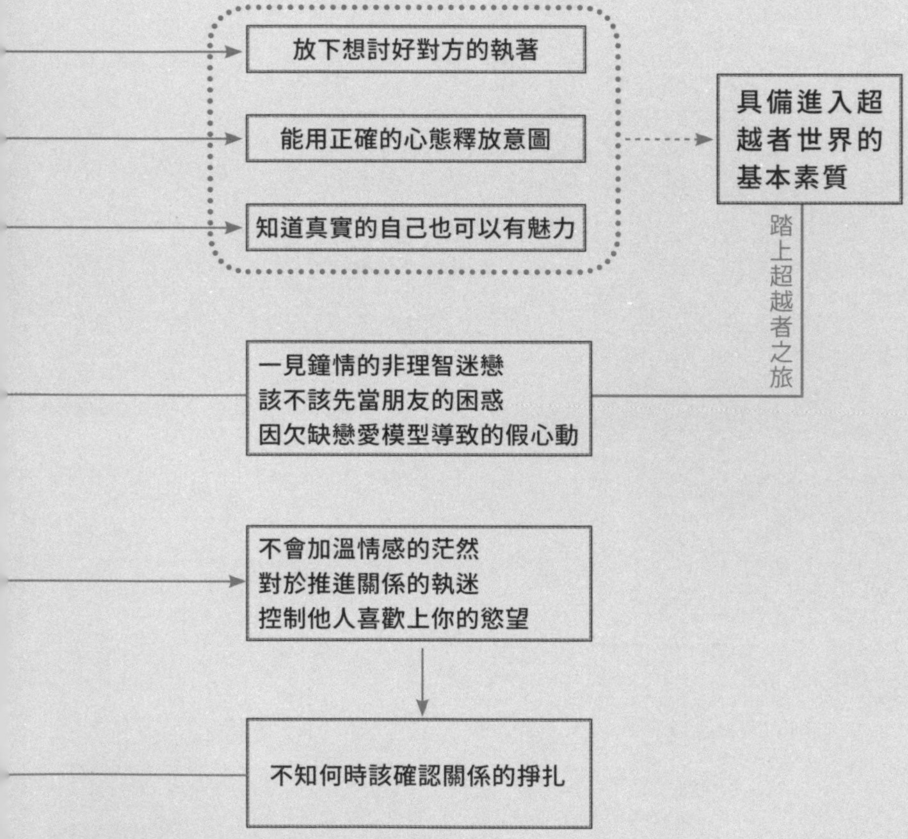
放下想討好對方的執著
能用正確的心態釋放意圖
知道真實的自己也可以有魅力
具備進入超越者世界的基本素質
踏上超越者之旅
一見鐘情的非理智迷戀
該不該先當朋友的困惑
因欠缺戀愛模型導致的假心動
不會加溫情感的茫然
對於推進關係的執迷
控制他人喜歡上你的慾望
不知何時該確認關係的掙扎

成為超越者將歷經的旅程

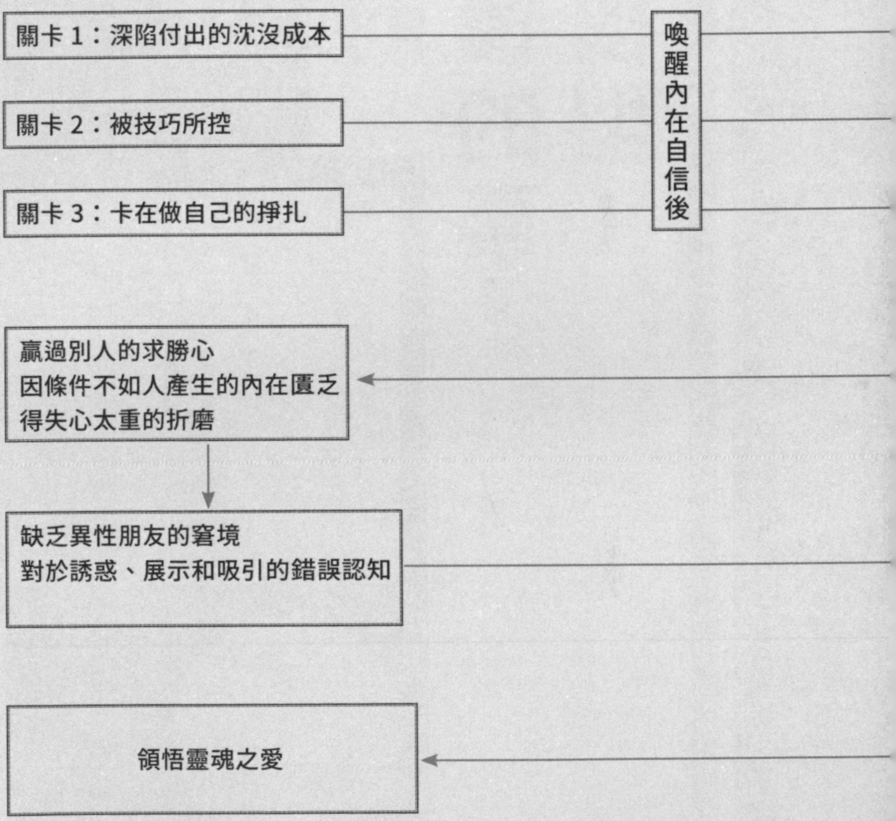

CHAPTER 3

戀愛前該搞懂的事：戀愛模型

1 L 520 Where

3 O 0487 is

1 V 990 my

4 E 258 love?

●
○

你常會莫名的喜歡上某個人，瘋狂的想追求他，並真切的相信那就是愛情嗎？如果答案是肯定的，你大概就和多數人一樣，因為戀愛模型不夠完善，以致於無法區分友好、好感、欣賞、喜歡等等情感的差異，常會糊裡糊塗投入一段關係，不明不白的分開，最後再把原因歸咎於個性不合。但其實在交往前，你若把這些事給搞懂了，你的進退將會是清醒的，和對方的節奏也會是契合的，也有更高的機會迎來幸福的戀愛。

01 一見鍾情的錯覺

在開始探討**戀愛模型**之前，先讓我們來談談一個因為欠缺戀愛模型所衍生的問題吧——為什麼戀愛經驗越少的人，越容易對他人一見鍾情？

一見鍾情，意指你在某地方和某人偶遇，你們是素昧平生的陌生人，因為外貌或氣質上的魅力，你和他明明尚未交流，卻已然被吸引，開始渴望和他發展更進一步的關係，甚至期待墜入情網。

我知道有不少人是相信的，特別是憧憬浪漫以及戀愛經驗尚淺的人，我年輕時也挺相信有這麼一回事，那讓我有種自己就是電影主角的優越感，也滿足了我對愛情的幻想，只見一面就展開熱烈追求，相戀，然後廝守，多完美啊！

但隨著年紀增長，談的戀愛多了，我開始明白，一見鍾情是個不負責任的戀愛幻覺，沒有誰真的可以對誰一見鍾情的，**大部分人嘴上說的喜歡，其實都只是短暫的熱血上湧**。

我不願回答的問題

每天打開信箱，幾乎都有聽眾來信提問，其中有個我最不願回答的問題，稱作「我要如何把他追到手」，這是我認為很難回答，答了也不見得可以幫助到聽眾的問題之一。

但我以為的難處，可能跟一般人想的不太一樣。我認為從認識到曖昧，過程其實是容易的，只要你足夠積極、懂得釋放意圖，並在合適的時機展現自己的魅力，一定會有人喜歡你。

但這也正是我擔心的，很多人興起追求的念頭時，往往都不是認真思考後的決定，而是倚靠一時衝動的熱血，這會在交往後造成非常多的問題。

有次在講座上，我又被聽眾問到這個問題，我反問對方：「你怎麼確定你真的喜歡他？」

他說：「我也不知道耶，第一次見面，我就感覺他的氣質很吸引我，大概就是一見鍾情吧。」

我再問：「那你和他聊天過嗎？知道他的興趣、喜好、價值觀、家庭背景等等嗎？」

他說：「還沒有，但這些不是等交往後再問就好了嗎？」

看到這裡，不知道你有沒有發現他的問題，以及大多數人會為戀愛所苦的原因了？沒錯，正是如你所想，這些人根本活在「自己創造的幻覺」中，他們可以毫無相處就喜歡上一個人，並且立下「一定要把他追到手」的決心，這是非常荒謬的。

就用交友來舉例吧，一個人有可能和他剛認識的每個人都成為好友嗎？應該是不會吧？即使這個人看起來風度翩翩、氣質出眾，我們也需要經過一番聊天、相處，幾次聚會以後，才會慢慢培養出友情。

換句話說，你不會一開始就設定說「就是他了！我要他成為我的知己」，然後盡全力達成這個目的，你我都知道這是不可能的，因為人與人之間的交情，總有些東西是超出我們掌控之外的。

所以交朋友可以很簡單，當你專注在創造與人之間的連結，在這過程中有些人會走，有些人會留下，有些人成為點頭之交，有些人成為好朋友，最後自然會出現一個和你分外契合的人，我們稱為知己。

然而狀況一旦換成戀愛，很多人彷彿就換腦袋了，他們的心念會從「契合導向」切換成「目的導向」，在心裡開始佈局「追到他的七步驟」、「誘惑他的三大殺招」，也因此自卑的人會往往走上討好者和誘惑者的路，兩條路雖有些許分別，但相同的是，他們都不是在培養愛情，而是追逐愛情。

那這樣的心念，還會產生什麼問題呢？

我認為有兩個問題是比較大的，其一是**自以為是的喜歡**，其二是**失去自我的危險性**。

一、自以為是的喜歡

人天生對愛情具有憧憬，所以每當有人問，你的理想對象應該要有什麼特質，我們都可以洋洋灑灑列出十幾點，女生會說男生要上進、勇敢，最好還帶點霸氣，男生會說女生要溫柔、獨立、貼心。

在此先不討論這些特質的真實性，畢竟每個人對特質的解讀都不同，我認為的貼心，不代表你也會有同樣感受。我想和你討論的是，你是真的從對方的舉止、言行感受到了那樣的特質，還是你只是因為激情使然，或是荷爾蒙的分泌作祟，所以你先創造了一個「他一定是個很溫柔的人」的假設，然後再尋找他很溫柔的證據？

一見鍾情的真面目，就是這麼回事，你不是真的喜歡上對方，而是自己在內心創造了一個虛假的人物設定，然後戴上這副有色眼鏡去看他，所以他的所作所為都是美好的，就算是本來會讓你感到冒犯的行為，你也會為自己腦補一個完美的劇情來解釋合理性。

這種自以為是的喜歡，如果是發生在交往前，那還值得慶幸，比較優質、具有高度覺察能力的對象，很快就會發現你和他互動時的不一致，此時他們會給你幾次機會並暗示你「嘿，我不是你所想的那麼完美」。

倘若你有接收到他的訊息，並及時修正你的心態，那麼你和他的關係仍會有可能延續，否則，你大概會不斷經歷一種莫名其妙的輪迴：

你碰上某人⇩他對你也有好感⇩你們進入曖昧⇩當他越瞭解「你對他的看法」，他越感覺到你不了解他⇩對你的感覺越發降低⇩最後戀情無疾而終。

如果發生在交往後，那麼事情就會變得很複雜了，你的戀情將總是「因誤會而結合，因瞭解而分開」，表面上看來似乎是你運氣不好，總無法和另一半撐過熱戀期，但真相是，在戀愛的一開始，你愛上的就是一個幻影，這樣的案例我真的看過太多了。

還有一種更可怕也屢見不鮮的狀況是，你和他同時都愛上了彼此投射出的幻影，你們陷入了「雙重自以為是的戀愛」，任何一段感情一旦建立在這樣的基礎上，那無盡的爭吵和痛苦的磨合，幾乎就是免不了的。

二、失去自我的危險性

人與人之間的交際是漸進式的，在建立友情的時候，我們不會剛認識就對一個人掏心掏肺，也不會提出諸多要求讓自己顯得失禮，那我們會怎麼做呢？

想想你從學生時代認識至今，依然有在聯絡的好友吧，你們的友情也是從借橡皮擦開始，或是一起參加同個社團，在數次的會面中慢慢自我揭露，慢慢瞭解對方的個性，最後成為好友。

那其中會不會有些人只相處不過一兩次，就被你排入謝絕往來名單了，應該也不在少數吧？可能是因為他剛見面就想刺探你的隱私，或是滔滔不絕的向你炫耀他的豐功偉業，又或者是你們真的聊不來，所以你只視他為曾經的同學或是點頭之交，但唱歌烤肉你絕不會邀請他。

這些事情在交友的框架下顯得如此合理，從任何一個人的交友圈來看，也許要經歷過數百個點頭之交，才會出現二十個普通朋友，最後只餘下兩三人成為知己。

而真正的知己之間，要有一個重要的元素，你們之間的地位是對等的，沒有誰會覺得特別委屈，誰會特別高高在上。

可是這樣的理智，在戀愛中常常會消失不見，很多人可以暢談友情，但一旦涉及到愛，參雜了一見鍾情的錯覺後，就會把對方給神格化，進而讓自己卑微化。

什麼叫神格化呢？簡單來說就是，他對你做出了冒犯失禮的行為，你沒有因此減損對他的喜愛，沒有表達你的感受，而是鼻子摸一摸自己就吞下去了。

以約會遲到來說，你和朋友約會，他無故遲到半小時，怎麼打手機都聯絡不上人，最後他跟你說是睡過頭了，你會怎麼反應呢？

初犯的話你可能會反虧他，順便表達自己的不滿，正常人會為你致上歉意，並承諾下次不會這樣，今天用餐就由他請客。

可是當事情發生在「喜歡的人身上」，很多人往往會因為急於求成，不想搞砸戀情，所以和對方說，沒關係，我剛好也遲到了一下下，並且還為自己看似聰明，可以讓雙方都有台階下的做法沾沾自喜。

這種事情每發生一次，你就是在踐踏自己的自尊，並賦予對方更多「主宰你感受」的權力，我看過的每一個討好者，幾乎都不斷犯這樣的錯，最後他在這段戀愛裡失去了自我，淪為一個「只在乎對方感受」而存在的奴僕。

・讓情慾與理智達到平衡・

一見鍾情是一種錯覺，它蒙蔽了你的理智，讓你奮不顧身的想去追愛，最終失去了對自主意識的掌控權，成為純粹被情慾所驅動的戀愛機器。

走到這一步的人，往往會在不恰當的時機釋放過量意圖，比如說才剛認識就問對方有沒有男友，或是雙方還沒有火花時就想調情，也有可能是滿腦子只想靠著告白來一決勝負，因此搞砸了原本順勢而為就能把握的戀愛。

要徹底擺脫這種困境，建立起清晰的戀愛模型就是必須的，一個完整的模型將能夠讓你明白，情慾是你內在的一部份，但卻不代表你的全部。而**模型越清晰的人，將越能夠在情慾與理智之間取得完美的平衡**，你可以在保有對戀愛的憧憬之下，頭腦同時是清醒的，用優雅的節奏，慢慢拉近與對方的距離。

被情慾控制會帶來的風險

- ☑ 把對方神格化，自己淪為討好者。
- ☑ 因為想快速推進關係，沒顧及對方的戀愛節奏，破壞氣氛。

02 該不該從朋友當起

當你能明白人會一見鍾情是為情慾所控，進而失去理智的一種狀態後，我們就可以接著聊聊，另一個因為缺乏戀愛模型的支撐所產生的問題了——談戀愛是否該從朋友當起。

「我應該要追他，還是先當朋友？」是愛情新手常會碰到的難題。

認為要先當朋友的人，多半是想著，當朋友可以先培養交情，搞清楚對方的喜好，等到對他有一定的掌握程度以後，再表明愛慕，展開追求，成功率會高得多。

傾向要直接追求的人則以為，如果一開始就當朋友，那很有可能和他一輩子就是朋友了，與其陷入這樣的窘境，倒不如一開始就明擺著「我就是要追你」的態度，如果對方願意給自己機會，那就積極進攻，如果對方沒有意願，那就不必浪費彼此時間，換下一個對象就是了。

以我的經驗來看，其實不論你選擇你哪一種接近方法，風險都是有的，並不存在完美的解法。

當朋友的風險是：

1. 因為你從沒有表達對他的喜歡，所以互動的關係會定型，也就是傳說中的友達以上，戀人未滿，也有人稱為朋友區。
2. 也因為你沒有釋放意圖，所以他不會用看待「準交往者」的標準來看待你，這會讓你錯誤以為自己有機會。
3. 當你想表明心意，藉此掙脫朋友區的泥淖時，對方很可能反而對你反感，他會知道，原來當初你對他的好，都只是為了追他而已，對你更加扣分。

反過來說，起初就表明自己是追求者的風險則是：

1. 你可能會被貼上膚淺的標籤，對方會想，你都不瞭解我就要追我，那你只是看上我的顏值、身材和外在的條件吧。

2. 當你宣示要追求了，等於讓自己落入被審核的下風狀態，此時你好比是參賽選手之一，他則是高高在上的評審，你得費盡心思來通過他的審核。

3. 承上一點，人對於宣示要追求自己的人，會用放大鏡去檢視他的言行，你的追求，等同觸動了他的內在警鈴。

綜上所述，你會發現，不論你使用的方法為何，只要你在心態上把自己定位成以上兩種人，你的感情之路必定是處處受挫的。

所以我建議，當你想和某個人從陌生到步入交往，比較好的方式是「既不當朋友，也不追求」，而是在心智上把自己設定成「**存在任何可能性的人**」（以下簡稱自由人）。

先當朋友與直接追求會遇到的狀況

先當朋友	●沒有釋放意圖，卡在朋友區動彈不得。 ●等你想告白，他會發現，原來你對他的好都是有目的的。 ●告白後連朋友都當不成。
直接追求	●被貼上膚淺的標籤。 ●讓對方產生戒心，提防你的一舉一動。 ●地位失衡，對方將用高標準審核你是否夠格。

自由人與追求者的分別

你可能會有些困惑，「自由人」和「追求者」不是一樣嗎？他們有什麼分別？

追求者的心態是，我喜歡你，所以我一定要追到你，當一個人把自己定位成追求者，他就背負了必勝的壓力，只要沒有追到，那就是失敗了。

你可以把追求者想像成「準備要攻城的士兵」，他的任務就是要搶先其他人打下堡壘，而放話要追求，則等同是吹起進攻的號角，接著就是發起全軍之力猛攻，使出渾身解數來讓對方答應交往。

然而，若你把自己定位成「自由人」，在心態上就大大不同了，這一刻開始，你就不是以「一定要在一起」為前提去和對方互動的。

自由人，意味著你不打算隱藏自己對他感到「好奇」，你不否認對他的價值觀感到「欣賞」，你能坦然的表示，你對他的人生經歷感到「有興趣」，但這都不表示你要追求他。

相對於「攻城的士兵」，自由人的態度是友好和善的，他要提出的，是兩城之間能對等溝通、互相交流的邀請。

所以你表現出來的態度將是：「嘿，你是個很有魅力的人，我發現你注意到我，我也同樣看到你了。你的談吐同樣很迷人，這讓我對你很好奇，想更瞭解你一點，但這不代表我要追你，因為對於選擇伴侶，我也有自己的一套標準，所以我想邀請你和我一起吃晚餐聊聊天，我們交換一下聯絡方式吧。」

而這樣的態度，不會只在認識的初期顯現，而應該是從你第一眼看到他，一直到你們確認關係之前，你的態度都是一致的。

換句話說，你的態度是：

1. 你盡可能展現自己的真實，也瞭解他的真實

在這個階段你會釋放微弱的意圖，比如說閒聊幾句，或是見到他時你會微笑打招呼，你會釋出比一般朋友多一點的善意給他，同時留意他有沒有給予你同等的回應。

2. 確認雙方的意願，若意願一致可以試著各進一步

如果他對你也保持開放的態度，你們互動的氣氛是輕鬆自在的，這時你可以提出邀請，邀請不必拘泥形式，可以是看電影、吃飯、喝咖啡聊天，但重點是，你們雙方都有意願想進一步了解彼此，也因此你們沒有人在討好，也沒有人在誘惑，而是自然而然的就加深關係了。

3. 你們的關係會隨著你往前一步，他往前一步，最後走到確認關係

就像在跳雙人舞一樣，這段關係不會落入一廂情願的窘境，而是你往前一步，他也往前一步，有時候你們也會後退，後退是一種默契的展現，可以調節氣氛，讓你們雙方能用快樂自在的方式跳完舞曲。在這個過程中，你們的頭腦都是清醒的，並維持一個愉悅的節奏，一路共舞走到確認關係，而誰提出確認的邀請也不重要，那只是一個形式，更重要的是，你們沒有誰急了一點，也沒有誰有一絲不情願，情感是水到渠成的。

戀愛經驗比較少的人可能會問：「可是戀愛不就是要表明我想追你？這種態度，聽起來好像不太負責任，要追不追的，不會引起對方的不悅嗎？」

相信我，不會的！如果你對戀愛心理足夠瞭解，你會發現，成熟的人都是用這種心態在談戀愛的，特別是那些有內涵、高標準，知道自己要什麼的人更是如此。

他們清楚知道，若只因為第一眼的好感就喜歡一個人，並決定要追求他（或接受追求），是不切實際也非常容易讓自己陷入險境的。

你無法愛上一個你不瞭解的人，如果有人稱那是愛，那也八成只是自己腦補的粉紅泡泡幻象，而非真實。

要確定自己是否真的要喜歡一個人，應該得相處一段時間，從約會中的小細節，這個人的言行舉止、應對進退，才可以看出他真實的模樣。

但要注意的是，我不是要你不能去「釋放好感意圖」，這麼做的話，你的存在就真的和「一般朋友」沒有分別了。

你的眼神應該是帶著「火焰」的，火焰的大小，要燃燒到他足以接收你的好感意圖，但也不能猛烈到讓他有被愛慕的感受，你的行為應該是積極的，但這種積極並不冒犯，而是保留了雙方都有台階下的餘地。

成熟的戀愛沒有誰追誰，而是自然在一起

在我看過的情侶裡面，確實有少數幾對，是其中一方用追求者的身份出現，然後把另一人追到手的，雖然這也是一種戀愛的方式，但這種戀情本身是存在隱憂的，詳情請參考〈戀愛不需要必勝的把握〉這一篇（P.132）。

在多數的狀況之中，只要你一開始就把對方設定為朋友去戀愛，後來幾乎是不可能成功變成情侶的，最後不是追求的人被發朋友卡，就是無疾而終。

大部分會順利交往的情況，都是主角配合情境釋出好感，用一個自由人的身份和對

方交流，使對方能接受到「你對他有興趣的意圖」，卻不會有「你在追他的感受」。

但在此請注意，自由人和花心是不同的，花心的本質是基於佔有的私慾，花心男貪圖狩獵的快感，花心女貪慕眾星拱月的虛榮，所以他們看似不追求，但實際上還是用追求的方式，把他手上的多條線都牢牢抓著，他們和任何人都只保持曖昧但不說破的關係，如此才能讓別人捉摸不清。

可是作為自由人，你的心態是充滿善意、有良好的品德和同理心，並且完全尊重對方的。你不會擺出追求姿態，因為你知道戀愛是雙方對等的你情我願，如果對方想知道你對他的感覺以及你的交友狀況，你也能坦誠以對，在過程中若你發現對方太過投入，可能會讓他自己受傷，你也會立刻喊停。

最後，若你確實領悟了自由人的心態，且用這樣的方式順利進入交往，在確認關係後，你可能會和我一樣被伴侶叨念：「欸，你是不是還欠我一個告白啊?你根本沒跟我告白就跟我在一起了吧。」

我則會回應：「話不是這樣說啊，我們是自然在一起的吧?」

他則會又好氣又好笑的說：「是這樣沒錯啊，不過你就是欠我一個告白就對了。」

這種笑鬧間自然在一起的交往節奏，就是我希望你能意會的。

不追而來的才是真正的愛情

- ☑ 你沒有想追他，所以你根本不會有得失心的問題。
- ☑ 他沒有感受到你要追，這讓他很輕鬆無壓力，所以他不會想審核你。
- ☑ 在如此情況下，因為雙方都可以快樂做自己，戀情發展會比平常更快速。

03 你真的心動了嗎？

閱讀至此，現在我想你已經搞懂「一見鍾情是一種錯覺」，以及「談戀愛該不該從朋友當起」這兩件事了，接著我們就可以正式的進入本章主題「**戀愛模型**」，我會告訴你為何建立模型如此重要，以及為何當你的模型是健全的，這些煩惱將不攻自破的原因。

假心動與真心動

要完整的了解戀愛模型，讓我們先從「假心動」與「真心動」開始說起吧！這是很多人沒有察覺，可是實際上對戀愛有重大影響的隱形因子，也是促使很多男女最後會走向「相愛容易相處難」的真因。

心動，是我們對於對某個人感到怦然的一種現象，它有兩種截然不同的表現方式，第一種是假心動，第二種是真心動。

假心動，是因為某人製造了一種他行情很好、很受異性歡迎、他無法被你掌握、他非常神祕的感覺給你。而接收到這種感覺的你，就像一隻追逐逗貓棒的小貓，時而你能抓到他嬉鬧一番，時而他又消失在你眼前，他的飄忽不定總是讓你的心癢癢的。也因為他這種若即若離的態度，**你被迫把全部的注意力都專注在他身上，開始忽略了你的喜歡是發自內心的，還是你只是喜歡戀愛的感覺**。

那你要如何知道自己「假心動」了呢？可以從兩個面向來判斷：

1. 你的得失心很重，會害怕失去他，你在這段關係有很多緊張、焦慮、不安的情緒。
2. 你察覺到對方似乎有意無意在吊你胃口，即使徵兆微乎其微，但你可以感覺到他正在這麼做。

我會說這是一種假心動，因為你不一定是真的「喜歡他這個人」，你只是暫時被「戀愛的感覺」給迷惑了。這種迷惑也不一定只存在交往前，交往後還在玩這種遊戲的人亦不少見。屆時你們的互動關係會變成：你總是想知道他的行蹤，想綁住他，想看他跟誰在聊天，而他有時會給你安全感，有時又會讓你不知道他在想什麼。這樣的關係狀態，通常不會長久，你會覺得這太折磨人了。

真心動，表面上和假心動很像，但內涵的價值完全不同。你會喜歡他，是因為你真的喜歡他這個人，而不是喜歡戀愛的感覺。對戀愛經驗少的人來說，這兩者很難區分，談過幾次戀愛的人，也不代表就悟道了。我看過不少人是談了幾段感情，每次分手都發誓下次不要再那麼衝動，任憑自己由假心動墜入情網，但等到曖昧出現，依然是被甜蜜又痛苦的假心動宰制著。

我希望你越早搞懂這件事越好，才能體會到交往中「真正的快樂」是契合、舒適和互補，而不是征服、佔有和控制。真心動需要你和他都是成熟、完整，能認知到自我價值的人，你不會馬上就得到這種體悟，但透過經驗和自省可以一步步朝此邁進。

要如何知道自己是「真的心動」，你可以問問自己：

1. 覺察自己的內在感受：我是想要得到他，還是真的喜歡他？

如果是假心動，通常在「得到」這個人之後，你就會完全喪失對他的興趣了。這裡說的得到，有可能是身體，也有可能是權力。

比方說，有些男生在和女生發生親密關係後就開始擺爛了，這類人通常就不是真的心動，他們迷戀的是征服的過程，而不是真心愛這個人。

也有些時候，假心動會在「某一方得到權力」後就破滅，我曾聽過有原本生活很精彩的人，在交往後把重心轉移到對方身上，因此讓對方有一種「這個人已完全被我掌控」的感覺，進而喪失了對他的興趣而分手。（你也可以在曖昧中故意給對方更多的掌控權，看他會不會得意忘形，如果他一下子就得意洋洋，那恭喜你看清他了，這個人大概只喜歡玩戀愛遊戲，不是真的喜歡你。）

2. 觀察他的外顯行為：他和你相處是讓你有安全感，還是總讓你有危機感？

成熟的人談戀愛，最怕遇到對方錯把「喜歡戀愛的感覺」當成心動，這不僅非常浪費時間，也容易為日後的感情埋下不安定因子。

所以另一種快速判斷的方式，就是去觀察他的所言所為，是不是真有那麼一回事。**擅長製造曖昧的人，會用忽冷忽熱讓你有「假心動」，但真實坦蕩的人不玩這招，他只希望表現他真正的樣子給你。**

他對你有好感，會大方讓你知道；他不害怕告白會喪失主導權，他喜歡你會和你明說；他不會用不赴約、冷落、讓你忌妒等等的手段來使你著急。

和這種人相處，你會覺得很安定，你不會想要綁住他、控制他什麼，更好的是，這種相處模式也會從交往前一直延續到交往後，你會知道你可以百分之百的信任他，他也可以一樣的信任你。

引起假心動的深層原因

看到這裡，你應該大致明白，如何從「你的內在感受」與「對方的外顯行為」來區分假心動與真心動了。

但僅僅這樣仍是不夠的，因為一個人會容易陷入假心動，其實是源自兩個原因，其一是「內在的匱乏」，其二為「粗淺的戀愛模型」。

什麼是內在的匱乏呢？舉例來說，很多人談戀愛的原因，並不是因為真的想戀愛，他可能是因為：

同儕壓力：朋友常會開玩笑嗆他是單身狗，這讓他覺得沒有女友（男友）就是失敗者，為了想洗刷失敗者的汙名，所以努力脫單。

人云亦云：看身邊的人都在交往，覺得自己也應該要，因此開始認真學習追求的方法。

情慾的驅使：純粹被荷爾蒙所驅動，因為性的吸引力而去戀愛。

害怕寂寞：缺乏自己生活的重心，所以想找一個人填補自己的寂寞。

情傷未癒：因為被提分手或是被背叛，且無法放下昔日的甜蜜，所以急切的想進入下段感情來忘記前任。

需要陪伴：想要一個人能陪自己聊天談心，可以照顧和關心自己。

諸如以上的種種原因，他才踏入感情的，而也因為匱乏的影響，他在戀愛時基本上是失去理智的，他從來不會去思考「我是不是真的喜歡對方」，相反的，他更傾向「有一點心動就任憑自己墜入情網」了。

此時男生的戀愛流程就會是：看到女生⇩因為荷爾蒙的作用⇩產生要追求的想法⇩認為自己已經喜歡上對方⇩全力展開追求。

女生則會是：看到男生⇩因為內在匱乏感的作用⇩稍微被關心和示好就覺得自己

動心了⇩認為自己已經喜歡上對方⇩暗示對方可以全力追求自己。

那當男女雙方是用這樣「只求速度，不求契合」、「只圖交往，不問相處融洽與否」的出發點戀愛時，又怎麼可能會擁有一份幸福的感情呢？

我認為，一個內在豐盛的人，其實是可以用一種更成熟，更有彈性的流程來面對戀愛的，比如說：看到異性⇩情慾一樣會作用⇩但他知道交往涉及更多層面，他不會被情慾牽著走，但他也不會一味抗拒，而是能大方的認識對方，創造連結⇩藉由約會、聊天、相處的過程，慢慢釐清對方是否符合自己的擇偶標準⇩最後再思考是否要讓關係更進一步。

而關於如何對治自己的內在匱乏，我們在〈降低得失心〉一章（P.130）會有詳細說明，至於戀愛模型，就是接著我要告訴你的重點了。

如何瞭解一個人的戀愛模型是否健全

☑看他產生愛慕感的時間長短：模型越簡陋的人越快產生愛慕感。

☑看他容不容易暈船：容易暈船的人，對模型概念是很薄弱的。

☑看他的交往狀況：與伴侶爭吵不斷，常被提分手的人，模型通常有問題。

04 戀愛模型

戀愛模型，是你內在的心智設定系統，它是一套超越條件論的內在擇偶標準，它讓你能清楚知道，你為何會喜歡一個人？是基於什麼原因？這種喜歡是感性還是理性的？那喜歡和好感有何區別？這個人給我的好感是可以認識看看，還是我想和他更進一步交往了？

接下來，就讓我為你說明戀愛模型的三種元素吧！

一、好感：激情和火花

好感是一種最常見，也最容易和「喜歡」混淆的情感，如果你認識一個人不到五分鐘，內心就泛起莫名的好奇心想更瞭解對方，那八成是好感的作用。

若把好感比喻成巧克力，那內餡大致可分為兩種，第一種是激情，第二種是火花。

激情是瞬間、短暫，帶有一點衝動成份的情緒，它大多是基於顏值、外表、身材的吸引力而產生的。

以一見鍾情的狀況為例，為什麼很多男女明明還沒和對方認真相處過，卻口口聲聲說他已經愛上對方了呢？那正是因為激情的作用使然。

他們因為戀愛經驗的不足，因此錯把激情當成愛情，再加上佔有心態的推波助瀾，讓他們產生了無可自拔的愛慕感。

所以若要為激情下個定義的話，我認為激情是純粹被荷爾蒙所驅動的情慾，但激情不是件壞事，它是人人與生俱來的衝動，上天賜給我們激情，以此作為我們認識異性的推進力。

而激情的運轉機制是很巧妙的，前面我雖然提到了外貌，但那不代表你一定要長得多帥多漂亮，激情才能作用，很多時候你會發現，你莫名的對某個長得不算帥氣美麗，只稱得上順眼的人產生了好感，那即是激情在發揮化學作用的關係，所以別把激情的門檻想得太高，錯誤的認為若你的容貌不夠出色，別人就無法對你有激情，那不是一個事實，激情是無處不在的。

火花相對於激情，則是更深一層的東西，我們在形容一對情侶很有火花，不會只看到他們有親密的肢體觸碰、浪漫的耳鬢廝磨，而是會更進一步發現，他們的眼神是閃爍著光芒注視著彼此，而且常會有互開玩笑、調侃對方、打鬧的行為，而他們並不會把此視為一種挑釁，反而會熱衷於這種遊戲式的情境，這就是火花（通常越善於感知，越善於釋放意圖的人，也越容易和別人有火花）。

那激情和火花都可以構成好感，兩者之間有什麼區別呢？

激情帶來的好感是爆發式的，但後繼無力，就好比山珍海味一樣，吃第一口你會覺得很好吃很衝擊，但很快就會讓人乏味，很多人的感情生活走到後來就是如此，由於一開始僅靠激情來支撐，但隨著相處時間拉長，生活的種種磨合變多，激情就消失了。

火花帶來的好感是累積式的，淺嚐會覺得順口，再吃幾口會越發上癮，回家以後這個人的影子還在你腦海裡面久久不能忘懷，那些令人稱羨的銀色夫妻，常常拌嘴感情卻和睦的情侶，彼此之間多半有這種強烈的火花。

二、友好：輕鬆無壓的安全感

酒逢知己千杯少，話不投機半句多，正是友好的最佳寫照，友好與其說是一種情感，倒不如說它是個舒適的平台更來得貼切，友好是溫暖含蓄的，能讓不熟悉的人能感到安全，自由自在的暢所欲言，不必擔心會遭致歧視和批評，坦誠交流內心的想法。

那要如何知道，你和某個人的友好程度呢？很簡單，看你們相處時，彼此是不是都感到放鬆，就算偶有沉默的時刻，你們也不會陷入尷尬的氣氛，而是能舒適的一起享受美好的片刻寧靜。

三、欣賞：地位對等的前提下產生的認同感

在說明欣賞以前，讓我先解釋「崇拜」吧。對戀愛來說，**崇拜是一種最差勁的吸引方式**，同時，崇拜也是交往後感情會急速降溫的主因，可是在我們所身處的時代，卻有太多的電影、電視劇，不斷在讚頌「崇拜式的戀愛」，被此所影響的男生們，努力讓自

己變強，強到足以讓女生崇拜，女生們也一股腦的把崇拜當成喜歡，奮不顧身的投入愛情，但最後他們能換來的，都只是一段又一段空虛的關係，為什麼這麼說呢？

請你試想看看，當一個人是因為先崇拜你，然後再憑著這份崇拜去構築對你的愛慕，那麼他是喜歡真正的你，還是他只是被你身上閃閃發光的東西給誘惑，然後把自己給催眠了？八成是後者對吧，你很清楚明白，他不是被你的心給打動，而只是被你的強所吸引。

也因此，以崇拜為起點的感情往往難以持久，因為它是一種下對上的仰慕、粉絲對明星的迷戀，如空中樓閣般的情感，它需要倆人間保持一定的距離，才能在朦朧中發揮它的影響力，可是熱戀中的情侶，怎麼可能不進一步瞭解彼此？

所以若一段關係是始於崇拜，那麼當戀愛中的倆人開始交心，深入瞭解彼此、距離拉近、地位也漸漸一致，崇拜產生的情感基礎就會逐漸瓦解，在我看過的諸多情侶之中，只要有一方錯把崇拜當成喜歡，結局幾乎都是離散的。

曾有位知名男星上節目時說：「我選擇戀愛對象，是絕對不會找圈外人交往的。」聽到他這麼說，主持人困惑的問：「為什麼，圈外人不好嗎？」

他說：「不是圈外人不好，而是他們很難分清楚崇拜和喜歡一個人的差別。」

這位男星所說的，就是崇拜會帶來的窘境，圈外人因為仰慕明星風采，進而把仰慕感跟愛情連結在一起，然而這種崇拜式的迷戀也蒙蔽了他的雙眼，讓他永遠看不到明星拿掉光環後，身為凡人那最真實的樣子。

所以男星才會感嘆，與其和一個對他極度崇拜，但是一點都不了解他的人戀愛，他寧願選擇和真正懂他的圈內人交往，因為他明白「**崇拜，是距離理解最遙遠的感情**」。比起盲目崇拜的粉絲，他更想找一個不把他當明星，而是能看到他真實一面的人，他知道唯有用真實，才能築起互敬互愛的對等關係。

說完了崇拜的影響，接著談談欣賞吧，欣賞是一種和崇拜截然迥異的情感，它們之間最大的分別是「崇拜有上下之分」，但「欣賞是雙方平等」的，而要特別注意的是，這裡所指的平等是「心智的平等」而不是「世俗的平等」。

世俗的平等是永遠不會平衡的天平，因為男女雙方的條件，會隨著年紀、際遇、收入等變因的影響，時刻產生變動，所以所有的世俗平等，都是假性平等。但心智上的平等，是你基於尊重對方的存在所產生的，換句話說，你和他的能力會有強弱之分，收入會有多寡之別，但你完全同意，你們在靈魂上的高度是一致的（詳見〈競價者〉章節，P.44）。

而當雙方都有此共識時，你們之間的情感連結就可以衝破崇拜的束縛，超越條件之愛的框架，上升到靈魂之愛的境地，此時你放眼向他望去，將不只看到他的外在，也能看到他內所滿載的瑰寶，你會欣賞他對生命的熱忱，也欣賞他對於興趣的執著，欣賞他對孩子的溫暖，對長輩的關懷，這種欣賞裡面隱含了尊重、敬意，是深層價值觀的共鳴。

以我實際看過的夫妻們為例，雙方的欣賞越是強烈，他們的感情也越是堅定，比如我有看過男生是上市企業的高階主管，女生是家庭主婦，但兩人仍能夠和睦相處，相敬如賓；我也看過女生是電商公司老闆，男生是普通的公務員，感情依然融洽，常保甜蜜。

在能夠互相欣賞的情侶之間，沒有一方會覺得自己高高在上，也沒有一方會覺得自己不如對方，那自然就不會有人變得高傲，也不會有人覺得自己委屈，他們在彼此的眼裡都是獨一無二的寶藏。

真正的喜歡＝友好＋好感＋欣賞

說了這麼多，我們終於可以談到最被濫用的詞彙——喜歡。我認為喜歡是一種微妙且複雜的情感，是揉合了友好、好感、欣賞所產生的。

友好創造舒適的氛圍，賦予了你們朋友的身份，它能為你們創造自然相處與交流的機會。

好感則是浪漫情調的點綴，裡面蘊含的激情和火花，是你們之所以能成為情人的原因。

欣賞是對於價值觀與處事風格的認同，沒有誰崇拜誰，也沒有誰看輕誰，你們可以是可敬的對手，但選擇成為夥伴。

三種元素交融形成化學效應，由此構成了一段美好關係的起點，這就是我認為「真正的喜歡」，它是相對有彈性，並且能確保穩固的長期關係應有的基礎。

然而，在此有一點迷思得注意，**三元素的發生是沒有先後順序的**，並不存在「先培養友情，再釋放好感，最後才能表達欣賞」的說法，所以你也不需要給自己設下「先怎樣才能後怎樣的限制」，事實上，在我見過大部分發展良好的戀情裡，三元素的加溫幾乎都是並進的。

當你能明白這點以後，你會發現「戀愛該不該從朋友當起」其實是個很愚蠢的煩惱，因為它顯示了一個人的戀愛模型是如此的僵化和充滿侷限性。

以我看過的男女們來說，有些人的戀愛是這樣產生的——你和某個人只有一面之緣，和他還沒說過幾句話，也還未建立友好，可是好感就已經先萌發了，你因著這份好感而有了認識他的動力。

但有些時候你也會發現，你本來對一個人是沒有任何好感的，但因為你們是同事／鄰居／同學的關係，在朝夕相處之下，你慢慢發現他有很多值得你欣賞的地方，這份欣賞經過時間的積累慢慢發酵成了好感，最後形成了喜歡。

在這些案例之中，最後能走到一起成為情侶的，往往是三元素均衡發展的人們，那些一心想著「我要先成為他的朋友，再成為他的伴侶」的人，多半會因為「好感不足」而卡在友誼區動彈不得。

而一開始就決定要拉升好感值，想盡辦法要撩對方、調情的人，也會因為「缺乏友好」的支撐，讓對方覺得你只是想佔有他，而不是真正想了解他而出局。

至於欣賞，它所佔的重要性則更深層一點了，在你想和某人確認關係之前，欣賞並不是那麼重要，可是一旦你們走到確認的那一步，欣賞即會是確認關係之前的一個門檻。一個成熟、獨立，想和你認真經營感情的人，一定會非常注重「除了友情和好感以外，你是否真的發自內心欣賞他」，因為他知道，沒有欣賞的感情將會是乏味的，唯有欣賞才能讓你們雙方達到心智上的平等，維持恆久的內在吸引力。

05 擴展戀愛模型的好處

作為實用主義者，若模型僅能作為一種參考肯定是不夠的，所以接下來，我想再告訴你，建立模型後，你的感情世界會發生什麼變化，它能夠幫助你什麼。

一、你不會再輕易的暈船

我們在前述提到，有些人會因為內在的匱乏，比如害怕寂寞、情慾的驅使或是情傷未癒的牽引，就輕易喜歡上一個沒有認真相處過的人。

這些人會這麼容易暈船，其中一個很大的原因，是他們的戀愛模型過於簡陋所導致。以我說明的三元素（好感、友好、欣賞）為例，其實人與人之間的情感是很有彈性的，你可以欣賞一個人，但沒有情慾參雜作用，你也可以對一個人有好感，但因為你感覺不到欣賞和友好，所以你也不打算更進一步。

但對於模型過於單純簡陋的人來說，他們只會把異性分成兩種，分別是「不喜歡沒感覺」和「有感覺可以交往的」，那當一個人的分類法是如此草率的時候，不就很容易莫名其妙的投入感情了嗎？

而這些人會談到什麼品質的戀愛呢？

我想不用我說你也能猜到了，大概就是糊裡糊塗的戀愛，稀里呼嚕的在一起，最後不明不白的分手，最後他們會向朋友們抱怨相愛容易相處難，但他們從來都沒有想過，如果在交往前他們能多思考一下，用一個完整的戀愛模型去省視自己，或許他就能遇上一個真正和他契合的人，結局也會完全不同。

二、你能遇到和自己高度契合的對象

承第一點，現在我們都知道模型簡陋所帶來的隱憂了，我們也知道，容易對別人一見鍾情的人，多半是模型有缺漏的，如果這些男女們，在交往後意識到彼此不適合，大家好聚好散，那倒也沒什麼太大的問題。

但我看過更多的人是這樣的，他們因為簡陋的模型快速交往，但又想僅憑著淺薄的好感延續關係，這就造成了很多情侶在長期關係中出現磨合相處的問題。少數人在磨合中可以培養出友好，淬鍊出欣賞，但我看過的多數人，都是以分手告終的，不是因為他們不夠聰明，而是因為當初交往的基礎本就太過薄弱。

反之，如果你的戀愛模型是健全的，你對自身的感覺也會是清晰的，那麼你在察覺到自己對某個人有心動的感覺時，這份心動將可以被你品味出層次。

你可以很清楚的看到，你是對他僅有好感，還是更多了欣賞，而你們之間的情誼是也有友好的元素在裡頭，那這樣一來，你就有更高的機率，遇到一個和你高度契合的對象，談一場你嚮往的靈魂之愛。

三、習得創造「好感森林」的能力

別無選擇的選擇，是造成人們感受不到幸福的主因，工作如此，愛情亦然，因此在你拓展了自己的戀愛模型，能清楚去區分好感、友好、欣賞這些情感元素以後，你會發現「你其實沒那麼急著想戀愛」。

但不想的原因，不是因為你無能為力，所以放棄追求，而是你的標準和門檻提高了，所以自然從「別無選擇」的狀況跳脫。

以往的你，可能因好感造成的一時衝動，就盲目投入一段關係（也就是一見鍾情），可是現在的你會更進一步去想，這個人給你的感覺足夠強烈嗎？他和其他人比起來如何呢？我足夠欣賞他嗎？他對我也有相同的感覺嗎？

這時候你就一定會領悟到，所有超越者們都明白的道理——你得認識更多的朋友，和不同的人相處，從不同人給你的不同感覺之中，你才會搞清楚你的心之所向。

也就在這個瞬間你會明瞭，看到有好感的對象就展開熱烈追求，雖然很浪漫，但並不是非常明智的舉動。真正有智慧的方法應該是，你一開始就沒有去選定要和誰交往，因為你知道，交往與否不是你決定，也不是他決定，而是由你們互動的契合度來決定。

而這樣的一種心態，不正也符合了我們前述所說的「你不把對方當朋友，也不追求他，而是在心智上把自己設定成『**存在任何可能性的人**』」是一樣的道理嗎？

因為存在任何可能性，所以你們心無所求，只是順著緣分去相處和互動，當你們聊過以後發現不來電，交情就會停留在「點頭之交」，也有可能你們開心暢談，但對彼此都沒有好感，那你仍然結交到一個「好朋友」，而如果你們一聊之下感到默契絕佳，又互有火花，那「成為男女朋友」就是再自然不過的事情。

至此，你的理性和感性也才會融為一體，因為喜歡一個人是感性的，但要從你都有好感的對象之中做選擇是理性的，兩者結合恰好就是「50％情不自禁」與「50％自主決定」的水乳交融，這也是我認為成熟的愛所俱備的樣貌——在感性中尋找理性。

我把「身邊有數個讓你有好感的對象」這種情境稱為「好感森林」，它是擴展模型的道路上必備的要素，也是每個想清醒戀愛的人必須要有的能力。

而在此我要提醒你，別把花心和創造好感森林搞混了，雖然從字面上理解，他們聽起來好像都是在「多線經營」，但其中有個根本的差別是「動機」。

花心的本質是「我全都要」，男生為了享受狩獵的樂趣而花心，女生為了享受眾星拱月的虛榮而花心，但創造好感森林的初衷則否。

創造森林的人，是為了選擇最適合自己的伴侶，所以才這麼做的，也因為動機的不同，創造森林的人不會隱藏自己的好感，他也會避免去傷害任何人，因為在本質上他就是懷著豐盛和善意而出發，自然會有較高的同理心，照顧到對方的感受。

所以你也可以觀察到，花心的人是多多益善，越多人喜歡他，越多人為他付出他越開心，但創造森林的人則不同，如果他和某個人建立起情誼，但當他察覺到對方太快喜歡上自己，那他將會在對方投入之前喊卡，以免傷了對方的心，前者是自私的誘惑者，後者則是自利利他的超越者。

了解對方和自己的模型，自然會找到合適的節奏

過去在談戀愛時，我想你一定被告誡過「不要放太多感情」或是「認真你就輸了」，我可以理解，會給出這些建議的人是出於善意，他們只是想保護你，因為一頭熱的下場，

往往是熱臉貼冷屁股，自討沒趣。

可是叫你不要放感情，你就真的能做到嗎？還是你只是越聽越糊塗了？多半是後者對吧，因為在你的內心，並不具有一個完整的戀愛模型，你自然也就無法清晰分辨什麼是喜歡，什麼是欣賞，什麼是純粹情慾的衝動，而在這些事沒有搞清楚之前，就算你僥倖戀愛了，也只是很盲目的去追求，莫名其妙的在一起，最後茫然的分手。

所以至此你應該能夠完全明白，為何我總說，當你的心態是討好者或是誘惑者的時候，你是不太可能談到一段理想的戀愛的。

因為當你對愛情的想法仍是追逐、仍是控制、仍是「一定要把他追（釣）到手」，那麼你就必定會忘記自己的模型、擇偶標準，以及你對於未來伴侶所看重的一切特質，淪為一個戀愛機器。

然而，若你在步入一段感情之前，就對自己的感受有清楚的認知，並將其建構成專屬於你的戀愛模型，那麼「不要放太多感情」的困境將不攻自破。

因為站在模型的制高點由上往下俯視，你會開始能分辨，你對他是只有激情，還是已經有友好和欣賞，這會讓你知道你是該前進還是退後，同時若你在「搭建溝通橋樑」

也有努力修煉，那麼描繪出他的戀愛模型，搞清楚對你的感覺有哪些、有幾分，也不會是太難的事，此時若你也具備了「釋放意圖」的功夫，那麼你們的感情會多快加溫，能否在一起，你幾乎都能了然於心。

在這種萬分明暸的狀態下，你的得失心將不存在，也不會想佔有對方，而是能理智客觀的看待每段關係，你的心會是廣闊的，行為舉止會是優雅的，對自己的感覺會是清晰的，對於要如何和對方相處也會是有智慧的，自然就達到本書所談的「超越者之境」了。

模型分類	好感	友好	欣賞	特點
一見鍾情	✓			缺乏瞭解，只有激情。就算交往也會快速分手。
地位不對等	✓	✓		將崇拜誤以為是欣賞。好感容易隨時間慢慢消逝。戀情續航力不足。
激情不足		✓	✓	缺乏激情，沒有火花。通常會被說沒感覺。或因另一半出軌而分手。
完整的模型	✓	✓	✓	基礎堅實，關係有彈性。美好戀情的起點。

降低得失心

1
L
520
Where

3
O
0487
is

1
V
990
my

4
E
258
love?

CHAPTER 4

得失心，是無數求愛的人最跨不過的難題，隨著你越喜歡對方，它對你影響的程度就越重。因為它，你在發送訊息前不斷修改字句，深怕自己不小心犯錯會破壞辛苦建立的感情；因為它，你總會拿放大鏡檢視自己的一言一行，每當心儀對象對你的態度稍有風吹草動，也會把你嚇得輾轉難眠。本章我將為你說明，得失心是從何而來的，你應該要如何對治它，進而能不被它影響，超脫情緒的控制，迎向你嚮往的愛情。

01 戀愛不需要必勝的把握

一個人求勝的執念有多強，害怕失敗的壓力就會相對有多重，而得失心的能量，就是由此而生的，所以**只要你對愛情仍存在勝敗的想法，那麼得失心幾乎是不可避免的會和你如影隨形**。

回到凱文的故事，我在和他聊天的過程發現，他很常用追求、把妹、得勝這些詞彙來形容戀愛，於是我問他：「你是怎麼看待戀愛的呢？如果要用一個詞彙來比喻戀愛，你會選擇遊戲、戰爭，還是棋局？」

此時的凱文在勤加操練下，已經洗去了大半誘惑者的習氣，聽我這麼說登時反應道：

「你的意思是，我對於戀愛的認知也需要修正嗎？」

我說：「是的，你怎麼使用這些詞彙，就反映了你的內在是如何看待戀愛的，我認為你一直把戀愛看成是戰爭，所以你才會困在誘惑者的身份中無法前進。」

凱文說：「我一直以為戀愛跟戰爭的本質是很像的，也聽過很多人用它們來做類比，沒想到會有這樣的問題。」

我說：「這麼說吧，若戀愛是戰爭，那戰爭就得要分個高下，有人打贏，也就會有人打輸，你同意嗎？」

凱文說：「嗯嗯。」

我說：「那你是否也同意，付出真心的人是輸家，擄獲芳心的人是贏家？」

凱文說：「用這個邏輯來說是這樣沒錯。」

我說：「那既然如此，一樣是進入一段關係，你覺得自己用輸家的身份交往，還是用贏家的身份交往會比較開心？」

凱文說：「當然是贏家，沒有人會想要輸的。」

我說：「這就是問題的所在了，接著你再思考看看，如果你想贏，你也知道對方想贏，那對你來說，最好的策略會什麼？」

凱文說：「激起他的好勝心？」

我說：「沒錯！激起他的求勝慾望，他就會想跟你戰下去，那你覺得此時對方是喜歡你的成份比較多，還是想贏下這場戰爭的成份比較多？」

凱文說：「以我自己的經驗來看，大概會是想贏的成份多一點，因為我自己就是這樣的。」

我說：「也就是在此時，你一定會有很重的得失心，因為你太想贏了，**這種求勝的執著會讓你們走到雙輸的局面**，你不是為了喜歡而去經營這段關係的，你只是為了贏，而當對方也這麼想，那當你們之間的關係一確認，勝敗一分曉，戀愛的動機也會快速的消失殆盡了。」

凱文說：「難怪我常常在確認關係後就感覺很空洞、乏味，對女生失去興趣，因為我已經贏了，也就失去了繼續的理由。」

我說：「是啊，因為你是以得失心作為能量，推動自己去戀愛的，所以當你自覺已經佔有對方，這股能量得到釋放，你就會感覺乏味了，可是矛盾的是，你不是一個會始亂終棄的人，你的道德觀告訴你，既然交往了就必須得繼續，所以等待著你的，就是一段食之無味，棄之可惜的愛情，而造成這個結果的原因，就是來自於你把戀愛看成戰爭所產生的求勝執著，這樣你懂了嗎？」

意念對於戀愛的影響

☑當你想贏的執念越強，怕輸的壓力也就越重。
☑得失心的能量，源自於對勝敗的執著。

求勝，會讓你失去戀愛的初心

上述這些，就是我認為戰爭不適合用來比喻愛情的原因了，因為戀愛的本質是互相瞭解、攜手扶持、共創美好未來，而非爾虞我詐的對立。

然而本質的道理雖淺顯易懂，卻不是每個人都能領悟，因為在人性上，人們很習慣把「被拒絕」，跟「沒有魅力」、「沒有價值」，甚至是「失敗者」畫上等號，因此他們寧願犧牲幸福，也不願被貼上「失敗者」的標籤。

說白一點，他們重視「表面上的勝利」更勝於「實質的幸福」，也就是在這種思維的影響下，他們戀愛的初心變質了，比起邁向幸福，他更重視的是如何得到愛情。

在求勝的路上，他認為戀愛是一場較量，他和心儀的人是處於一種競爭關係，所以步步為營，處處算計。

這種對求勝的渴望，會漸漸侵蝕一個人戀愛的初衷，最明顯的反應是，他們會遮住自己的眼睛，去選擇那些自己不喜歡的人。

聽起來很詭異對吧？這個人明明是要戀愛的，所以應該擇己所愛、愛己所選，怎麼會有人選一個自己不愛的人來虐待自己？

然而，對於在戀愛中尋求勝利的人來說，這是再普通不過的事情了。

本來我們在選擇伴侶時，我們有自己的標準，比方說：

・看他如何應對壓力・

當他在公司遭受到不公平的待遇，他會如何處理？是激憤的和老闆拍桌？和同事撕破臉？還是用更有智慧成熟的方式解決問題？

當他為工作的壓力所苦，他如何面對？是逃避、喝酒，參加派對麻痺自己，還是能靜下心來沉澱，把麻煩事一件件解決呢？

・看他如何跟其他異性互動・

他是有分寸，懂得和異性保持距離的人，還是毫不避嫌，常會和異性朋友稱兄道弟勾肩搭背的？而哪一種是你喜歡的呢？

他的男生朋友多，還是女生朋友多？在異性朋友的眼中，他是個怎樣的人？是爛好人、可以傾訴的人，還是值得依靠的人？對於他和他們的友誼，你是欣然接受、反感，還是全然尊重呢？

・看他如何應對衝突與突發狀況・

遇到別人挑起爭端的時候，比如說在路上被逼車，排隊被插隊，上菜時服務生把湯汁濺到他身上，他處理的態度如何？他是有正義感的人，還是獨善其身的人？是以眼還眼的人，還是有十足的寬容心？

以上這些標準，是我們用以篩選伴侶的濾網，沒有絕對的對錯，但卻有喜好的分別，在你心中一定有一把尺，用以衡量哪些行為是加分的，哪些是扣分的，它涉及到我們對事物的見解，還有深層價值觀是否契合，所以每個人的濾網都是客製的。

換句話說，如果你的理智清醒，篩網（擇偶標準）正常運作，那麼你自然會達到我在戀愛模型所提的心智狀態——你沒有只把自己設定為追求者，也沒有僅把他當成朋友，而是讓這段關係存在任何的可能性。

你們順著緣份和形勢去互動，因著各自對伴侶的標準，篩網在其中產生作用，於是你們可能因為不來電，僅僅成為點頭之交，也可能話匣子大開變成好朋友，如果好感足夠默契絕佳，那交往也是自然而然的。

可是，當你的腦袋只想著要贏，這種對贏的執念會使你把這些標準拋諸腦後，因為比起堅持自己的篩選標準，你更在乎別人是否對你愛理不理、若即若離，那種即將輸掉遊戲、失去掌控的感覺，會讓你難受的快發瘋。

而當你的心智陷入那種狀態，你就無法理智的看待愛情了，你唯一想到的，就是緊緊抓住別人，否則你就輸了。

那在這樣的狀況下，你的得失心會爆發、失控，不就是可預期的結果嗎？

放下求勝執著的祕訣

- ☑ 你不會喜歡世界上所有人，所以也一定會有人不喜歡你。
- ☑ 既然如此，你就不必把被拒絕跟失敗畫上等號。
- ☑ 被拒絕只是一個自然現象，它隨時都在發生。

求勝的本質是一種傲慢

有次我在課程上說完這段，一個深受「求勝執著」困擾的女生求助我：「我察覺到自己有這個問題好幾年了，每當別人收回對我的關注和熱情，我就會感到很難受，所以這些年來，即使我想選擇一個真正能長久交往的伴侶卻辦不到。」

接著我從她的自述中得知，她並不是沒有人喜歡，相反的，她常受到複數男生追求，但讓她備受困擾的是，她無法選擇要和誰更進一步發展，很多時候她都是身不由己的選了某人，但事後才發現自己並不是真的喜歡對方，而只是一時意亂情迷倉促做了抉擇。

同時她也有另一方面的隱憂，她在進入交往後，總無法斷絕和追求者們的聯繫，她陶醉於眾人環繞的虛榮，這個狀況已經嚴重影響到她嚮往的長期關係。

我問她：「那是什麼樣的感覺？是什麼讓你如此沉迷？」

她想了想後回答我：「當別人收回對我的關注時，我會覺得自己被否定了，明明我是一個這麼有魅力的人，卻有人膽敢否定或是冷落我，這讓我無法接受。」

我說：「你想聽實話嗎？真相可能會有點刺耳，但若你想走出這個負面漩渦，你必須面對這件事。」

她點頭說好，她已經為此困擾太久了，只要我能為她點出問題，她願意接受最真實的回饋。

我說：「你所感受到的不快，其實是你內心深層的傲慢，你傲慢的以為每個約會對象都應該被你擄獲，都應該拜倒在你的裙下，而當有人表現出完全不在乎你的模樣時，你會不甘心，然後努力去贏回他對你的注意力，對嗎？」

她沉思了一會，接著長嘆了一口氣：「雖然很不想承認，但你說的一點都沒錯。」

我續道：「如果你想讓這一切停止，除了放下那份傲慢以外別無他法，說坦白一點，你不需要讓所有人都喜歡你，那是不切實際的，再者，就算他們真的不喜歡你，也無法否決你存在的價值。」

人與人之間的相處是這樣的，一開始我們對一個人的欣賞，往往是出於比較表淺的東西，比如說外貌、特殊表現（唱歌、跳舞、演說、工作）、聊天時感受到的風趣，這讓我們產生了一個初始的推動力，對某個人產生了好奇心，想要進一步了解他更多。

接著如果他對你也有相同想法，其中一個人會提出約會邀請，你們可能一起聽了一場音樂會、看了一場電影、或是在某間餐館交換了一下彼此的人生經歷。

在這個階段，有些人因為互相沒有感覺，關係就慢慢淡掉了，有些人覺得對方很有趣，想更進一步瞭解彼此，這時候你們的關係升級到好感，也有些人覺得對方有很豐富的人生、見解、歷練，值得自己學習，這時他們選擇把對方當成朋友。

換句話說，人與人之間的關係是很有彈性的，並不是非黑即白，好像他不接受你當他的伴侶，你的世界就要毀滅了一般。

而當一個人和你說，他沒有意願和你確認關係，並不代表他對你的好視而不見，或在他的評分表上給你下了一個「沒有魅力」的註記。

事實上他只是表明，對於長期交往的對象，他有自己的一套標準和想法，可是他並沒有否定你。

就好比說，某人想買一台歐洲車，基於很多理由，他比較中意 Benz 而不是 BMW，但這不代表 BMW 真的輸了什麼，因為這兩個品牌著重的東西本來就不同，自然會吸引到不同的客群，所以某人拒絕 BMW，不表示 BMW 沒有魅力，原因就只是「這不是他要的」，僅此而已。

然而，**你會因為被拒絕感到恥辱，是因為你狹隘的認為，要是某人不想和你進入一段關係，他是在否決你整個人、甚至你人生的全部**。

然而你有沒有想過，事實真的是如此嗎？或許換一個不同的時空背景相遇的話，你們會是很不錯的朋友、同事關係，甚至他也願意，撮合你和他多年的好友，他一樣是認可你的，只是認可的角度不同，而就算他真的不認可你，那也就由他去吧，那是他根據自由意志所做的選擇，我們只能給予尊重。

再換另一個角度來看，如果真的有人把否決你當成一種手段，藉此來獲取你的注意力，那這個人背後是何居心，你會想和這樣的人繼續交往嗎？

那我們應該去怪罪操控我們的人嗎？我想不是的，人生很短，怪罪也是要花上心力的，你應該反省的是，為何你會有那樣的傲慢心，如果你的內在是完整的，你自然能做出明智的選擇，根本沒有人有能力操控你。

聽完我的建議以後，她和我說，這段時間她會好好沉澱，去分清楚自己是真的喜歡一個人，還是只是因為擔心不被喜歡陷入了假心動。

課後幾個月後我再收到她的訊息，她和我說：「我漸漸能把那份傲慢心放下了，原來過去的我會貪慕被眾人環繞，是因為我一直在別人眼中尋求自我價值，但現在我明白價值是我自己能創造的，我也能夠去分辨，哪些人只是想和我玩玩，哪些人又是真正的優質對象。」

從她的文字裡，我看到了超越者的光芒，雖然那道光才剛剛亮起還很微弱，但我相信那道光會把她的路照亮，因為她已燃起了內在的勇氣之火。

真正的勝利是締結夥伴關係

依靠計謀得來的愛情不會長久，機關終會有算盡的一天，因為想贏得勝利而推動的戀愛亦然，人們往往在得到對方的心以後就失去興趣了，而走過這段路的凱文，在釐清了這些事以後說道：「我回過頭看從前的自己，發現在這幾段感情中，我根本不是真正想戀愛的，我腦袋裡想的只有贏。」

我說：「如果你一心只想贏，那你就會忘了自己擇偶的準則，也會忘了去覺察跟對方是否契合，只會一味的往前推進。」

凱文說：「我還想到，當時我常會和朋友討論戰況，每當他們問我，你跟這個女生進展如何，我都會回答說，大概有百分之七十的勝率，再過七天他就是我的女朋友了。現在回想起來，當時的我既不尊重對方，也不尊重自己。但現在我明白戀愛不用求勝，自然也就沒有戰況的說法了，那我可以用什麼角度來看待戀愛呢？」

我說：「我認為戀愛就像旅行，你和對方是兩個偶遇的旅人，在緣分的牽引下認識了彼此，你們都因為想更瞭解對方，於是說好了試試一起旅行一段時間，如果不適合就好聚好散，適合的話就可以結為更緊密的夥伴關係，一起遨遊體驗世界。」

凱文聽完點了點頭，又搔了搔頭問：「那這樣下次若有朋友問我，你跟這個女生進展如何了，我不能用戰況來描述，我可以怎麼說？」

我笑回：「你可以說，如果交往順利，契合度夠，你們就會確認關係，你們有百分之七十幸福的可能，這樣不就行了嗎？」

・愛情不需要爭勝，找到願意一起旅行的夥伴就夠・

對超越者來說，愛情中並不存在所謂的勝利，又或者說，真正的勝利，是代表你和你的另一半，都是彼此真正想要的人。

你放下了控制的心，你沒有想要符合任何人的標準，你沒有想把誰綁在你身邊，而有個獨特的靈魂見到了最真實的你，他心甘情願的留在你身邊，你也看到他最真實的一面，**你們都根據清醒的頭腦和自由意識做了在一起的決定，那才稱得上是光榮的勝利**。

（然而你也得留意，所謂的真實，不是指你要把自己最失控、匱乏、幼稚的一面表現給對方，那不叫真實，那叫恣意妄為，真實是指真善美的一面。）

把愛情當作戰爭的人，會以喜歡的人為敵手，以交往為勝利的終點，把愛情當作戰利品來收藏。

這也很好的解釋了，為什麼很多人會抱怨，另一半在交往前後對自己的態度差異那麼大，因為對求勝者而言，在得到對方的剎那，他就來到愛情的終點站，遊戲到此結束了。

這意味著，他不需要再去提升自己、不需要保持良好的情緒管理，不需要再表現出自己最好的一面，因為他已經達到目的了，所以可以卸下所有偽裝（除非有競爭者出現，或是伴侶變心了，他們才會積極的去經營關係，失去了才懂得珍惜，正是他們最好的寫照）。

把愛情當成戰爭的人，起初也許能嚐到征戰沙場的快感，但內在的紛擾將永不停歇，而把愛情當作是場雙人旅行的人，會把喜歡的人當朋友，把交往當成旅程的起點站，一起走過一站又一站的景點，看盡一幕又一幕的風景，旅行的過程本身就是目的，時刻徜徉在幸福之中。

也許在旅途中他們會爭吵，他們會有摩擦，但因為他們沒有想要勝過對方的想法，所以可以開誠佈公的溝通，真誠的表達彼此心中所想，讓相處更加舒適，默契更加融洽。

你呢？你想如何看待愛情？為自己選擇一條無悔的道路吧。

戀愛的本質

☑ 有些人會在確認關係後就開始擺爛，是因為他自認已經達到目的了，所以失去了用心的理由。

☑ 當你鬆開了抓緊他的手，他還願意回牽你，這段戀愛才是真的。

02

條件重要還是魅力重要？

如果一個人把愛情看成是戰爭，對勝敗有很深的執著，那麼為了提高勝率，他就會積極地提升自己的外表、收入、地位，並把這些條件當成他戀愛的籌碼，確保自己擁有的資源可以擊敗競爭對手，也擊敗他喜歡的人，讓對方成為他的愛情俘虜。

可是這樣真的就能解決問題嗎？你的得失心真的會因為條件變好就不再影響你嗎？

人們在戀愛中碰到問題時，會因為尋求的管道不一樣，自然得到不同的解答，以男性而言，如果他去問看重條件的人，為什麼自己會交不到女友，得到的多半會是因為你不夠帥，你不夠有錢，條件不夠好等等這類的回答。然而這個問題若丟給看重魅力的人，他得到的將會是技術性回答，比如說你開錯話題，或者是你問得太多，自我揭露太少，在他們的觀念裡，條件在戀愛中的影響力是被弱化的。

那到底是魅力重要？還是條件重要？我認為其實都重要。只是在人生的不同階段、不同年齡層，不同的考量之下，我們做出決策時倚仗的「計分權重」不斷在改變，所以看重的東西自然會有變化。

條件決定論

所謂的條件決定論，就是從小你在長輩口中聽到的那套：

「把書讀好就會交到女朋友。」

「等你有錢了，就是你挑女生，不是女生挑你。」

「好好讀書，找一個好工作，以後不怕沒人要嫁給你。」

由於家長們從小就灌輸這樣的想法，這社會上有部份男性，依然是條件決定論的信奉者，其中又特別是理工男，把條件對戀愛的影響看得非常重。

我對條件論的看法是這樣的：條件和選擇性有正相關，但沒有絕對的因果關係。

舉例來說，如果你在一場派對中，遇到兩個很聊得來的對象，他們的條件不相上下，都讓你非常有好感，而他們也對你釋出了大量好感，在這種情況下，你會更傾向選擇誰繼續交往？

八成是個性更契合的那一個，對吧？這是人類的天性，當理性的因素被排除掉，我們自然會根據感性，做出自己最喜歡的選擇。

當然我們也不能排除，局勢也許會顛倒，一定也存在著「契合度相當，條件上另一個人略勝一籌」的狀況，那選擇條件更好的一方也很合理。

甚至判斷的基準也不只這兩項，可能還有脾氣、修養、對待其他異性的態度、是否愛吃醋、敢不敢跟自己的父母講道理等等諸多的考量。

也因此，決定誰能在眾人之中脫穎而出，決定倆人是否會交往的因素，往往是涵蓋多個面向的。

可是有趣的是，這樣簡單的道理大家平時都明白，但是當某一天，某人在追求中被別人拒絕以後，卻寧願把原因導向「我的條件不夠好，所以他看不上我」這樣淺薄的理由。

我認為，並不是他們的腦袋僵化到無法看清真相，真正會讓他們忽略事實、蒙蔽自我的原因是，這樣思考人生會比較輕鬆，要突破人生中的「戀愛關卡」，似乎就容易多了。

什麼意思呢？如果條件決定論為真，那麼他被拒絕時就不用去思考：「是不是我意圖過量嚇到他了？是不是我的自我揭露做得很差，說話很無趣，他才會呵欠連連？是不是我沒注意到他的戀愛節奏？」

與其細細思考、深度自省，並且還要改變自己，那不如把所有的失敗經驗，都導向「因為他看不上我這種條件的人」，如此一來心裡比較快活啊！

在這個當下，他只要很單純做出兩個選擇：

1. 讓自己變強，強到足以配得上他

就像經典的名言「既然現在的我你愛理不理，未來的我會讓你高攀不起」，他會走上一條成為強者的道路（男生增加收入、提高社會地位，女生改變身材、打扮和外型），他預期未來當自己足夠強悍、優秀，以前看不起他的人將會臣服於他。

2. 認命，轉而尋找其他對象，從中選擇一個看得起自己的人

如果拒絕他的人是高顏值美女，那他將會記住這個教訓，下一次找一個普通女生，避免被拒絕的風險，又或者拒絕他的人家世顯赫，下一次他就會找一個家境小康的人交往。

可是有一天，他終究會發現，為什麼很多條件不如他的人，異性緣這麼好，女友（男友）可以一個換一個，此時他的世界觀將會崩垮，轉而向魅力決定論靠攏。

魅力決定論

信奉魅力論的人，把愛情視為「靠攻略就能順利破關的遊戲」，而壞男人則是他們眼中精通這個遊戲的達人，因為他掌握了所有的技巧，所以能悠遊在愛情世界，自由的選擇想交往的對象，他們會向他請益學習，希望能複製他的打扮、穿搭、行為，甚至是思考方式，期待有朝一日也能像他一樣。

表面上看來，他們是跳脫狹隘的條件論，拉高了眼界，懂得去反省自身不足，由內

而外的改變自己，他們會健身、廣泛的涉獵各種興趣、學習穿搭，訓練談吐，也聽過有人會練習街頭搭訕，為的就是讓自己成為一個有魅力的人。

可是實質上來看，他們的內心是沒有成長的，不過是從原本的象牙塔跳脫到另一個烏托邦罷了，聽起來很奇怪對吧？條件論和魅力論，兩者應該是截然不同的思考方式啊？為何我會說，他們是一樣的？

其實仔細想想你就能明白了，原本的他們在看待戀愛時，是以條件為籌碼，來衡量自己是否夠格和喜歡的人交往，而現在他們只是抽換了籌碼的內容物，把度量人與人之間差距的單位，從條件換成魅力，但心裡面那種「我只要缺少了什麼，我只要某方面輸給別人，就不具備和他人交往的資格」的匱乏感仍然存在，而且烙印得更加深刻。

閱讀至此，我不知你是否開始發現，**這種人的心態和心懷求勝執著的人，不正好是完全一樣嗎？**他們仍舊深陷於勝敗的泥淖，所以他的心緒依然被得失心給牢牢掌控，成日患得患失啊！

走到這一步的人，十之八九會迷失在討好者／誘惑者／競價者的世界，直到某一天，他自認自己的條件難逢敵手，魅力也無人可擋，但卻在戀愛的競爭中，狠狠的輸給了他瞧不起的人，這時他遭到得失心的反噬，就會開始崩潰：

「這個人每一點都不如我，憑什麼他可以和我喜歡的人交往？」

「論外貌、論收入、論魅力他沒有一項能贏我，為什麼我會在追求中輸給他？」

但很遺憾的是，並不是每個人都能放下自尊、自我反省，有八成的人會更加扭曲的去想：

「他其實是身家數十億的富二代吧，是我太小看他了。」

「原來他才是高手，之前都只是深藏不露，那這次我也輸得不冤。」

「這女生眼光有問題，竟然會選一個樣樣不如我的人，好啊，我就等著看她會有多『幸福』。」

只有很少數的人，能跳脫「條件論」與「魅力論」的框架，用自己的力量，走出一條嶄新的道路——超越者之路。

超越條件與魅力的束縛

在〈超越者〉的章節我提到，超越者是既不自大，也不自卑，既不張揚顯擺，也不過份屈從的一類人，他們以自己的優點為榮，但不以其為傲，能坦然面對自己的不足，但不以其為怯。

也正因為如此，他們可以用更寬廣的眼光客觀的覺察到，條件和魅力，到底會對戀愛產生怎樣的影響，我有一位相識多年的好友文森就是這樣的人。

文森身高約一米六，是個樣貌普通，身材豐腴的上班族，我看過很多跟文森條件相若的人，要不就是因為身高不足而自卑，要不就是因為身材不佳，碰到有好感的對象總是不發一語的沉默。

但文森卻完全沒有這方面的問題，他的笑容總是開朗，每次見到人時，不論對方的身份、條件、外表如何，都能用從容自若的態度來應對，與此同時，文森也是一個思想開闊，善於傾聽的人，他在朋友間的評價很好，當大家有煩惱要尋求解惑時，都會尋求他的建議。

而文森有位穩定交往多年的女友，外型亮麗、談吐優雅、氣質出眾，站在文森的身邊時，還硬是高了他半顆頭。

有次朋友們餐敘時，一個陪哥哥前來的年輕人就問：「文森當初你是怎麼追到你女友的？你是怎麼擊敗其他條件更好的競爭者呢？」

說完這句話，年輕人忽然意識到自己說錯話了，當下氣氛有點僵，他也一陣臉紅，但文森聽完後並沒有惱怒，反而笑著說：「你說的沒錯，從外在條件上來看，我確實不如其他的追求者，所以當初我並沒有追她。」

「沒有追，那要怎麼在一起？」年輕人很困惑。

文森接著說：「其實這個問題，我也問過我女友，與其用我的立場告訴你，不如用我女友的原話來跟你說明吧，她和我說，她的異性緣並沒有大家想得那麼好，因為一般男生不敢追她，所以會追她的男生，就只剩下條件很好，認為自己配得上她的，可是這些男生要嘛就是一直對她獻殷勤、送禮物，要嘛就是擺出一個『我條件這麼好，難道妳都不心動嗎』的姿態來追求她，所有人都把她當成一個物品，討好她的人當她是獎品，想征服她的人當她是戰利品，但只有我，把她當成一個有靈魂的人來相處，所以我們就自然而然的交往了。」

聽完文森分享，年輕人意猶未盡繼續追問：「所以如果有人能像你一樣，那就算條件不如別人，也可以追到那麼好的女生了嗎？」

文森還不及回答，有位朋友就出聲回應：「這樣說就有點不對了，如果今天一個女生既懶惰又不願工作，成天宅在家裡追劇打手遊，甚至還有賭博酗酒等不良嗜好，你會和她在一起嗎？」

此時文森出面緩頰：「我覺得大家對條件這件事可以放寬心，每個人對擇偶條件都有一套標準，無所謂誰對誰錯，但要是我們一直糾結在條件的好壞，那就會忽略人的多面性，不是嗎？」

後來，眾人又針對這個主題聊了一會，也慢慢瞭解文森想分享的東西。他認為條件確實有幫助到他，如果他沒有一份穩定的工作，那確實會讓女生卻步，但反過來說，若他因為身材外貌而自卑，那他的內在魅力就無從散發，也無法促成交往的契機了。

再打個比方吧，戀愛中的擇偶標準和買車是很相像的，二十歲的年輕人和四十歲的中年人，兩者的考量不同，會吸引他們的車款也不同。

年輕人沒有成家的壓力，買車多半是為了方便出去玩，所以選擇上一定比較趨向拉風、馬力大、操控性佳，預算足夠的話，他們八成會選擇轎跑類的車型。

但中年人要買車，考量的層面就不同了，他上有父母下有兒女，所以安全配備一定要有，接著也要考慮到，會不會祖孫三代一起出遊？那空間就很重要了，若要方便長輩乘坐，舒適性是不可或缺的，而要滿足多方面的需求，幾乎就只剩休旅車這個選項了。

那試問，誰的考量是正確的，誰是錯的？我們應該去責怪年輕人不懂車，或是責怪中年人不懂浪漫嗎？

你不會這麼想對吧？你明白他們只是因為立場不同，年齡不同，需求自然產生了變化，最後影響了他們的選擇，這不是人的問題，也不是車的問題。

這也正是我希望你明白的事，**此刻的你，是否知道自己有哪些特質、條件，是你的心儀對象會看重的？而你又是否足夠瞭解自己，知道自己看重些什麼？**

請注意，我在此談的東西都是當下，而非過去或未來，因為人們看重的東西是隨時都在變動的，只有符合當下才有意義，而這一切的種種，換到戀愛裡面，就是所謂的「計分權重」了。

比魅力和條件更重要的東西

- ☑ 魅力可以增加你的吸引力，但它不是吸引力的全部。
- ☑ 條件也可以增加你的吸引力，但它也不是吸引力的全部。
- ☑ 完整的吸引力，是來自價值觀的共鳴和放下得失心後的自在互動。

03 戀愛中的計分權重

大學的考試招生，會因為你選填的科系之別，有不同的計分權重，戀愛亦然，因為年齡、背景、環境、文化的影響，形成了每個人獨一無二的價值觀，自然就會有特別看重的東西。

然而，這也是很多人會困惑不解的地方了，一個人眼界不夠寬廣的人，很容易把自己所見的世界，當成世界的全貌。

以我經手過的個案為例，我有個學員是高收入階級，談吐幽默，而且從小家境富裕，感情理應沒大問題，但因他小時候曾聽聞，和他要好的舅舅和老婆離婚是因為經濟問題，離婚後女方改嫁給更富有的男人，這讓他一直強烈以為，在大部分的女生眼中，收入才是最重要的。他過份高估了金錢的影響，這樣的思想，等同是為他的人生戴上了一副有色眼鏡，而在他長大的過程中，他又從報章雜誌等媒體中，去尋找「女生都很愛錢」的證據，進一步去滋養他的思想。

所以他一直是用一種「防女生如防賊」的想法在戀愛的，你說他的感情路能走得順利嗎？他能放寬心去愛一個人嗎？這樣的狀況，一直到我為他重建計分權重的價值觀，喚醒他內在的超越者後，他才拿掉了他的有色眼鏡，感情狀況也開始有起色，他和我說：「我發現我以前真的是被社會媒體洗壞了，所以才會對女生那麼有敵意，也因為我把能量都花在仇視，我眼中能看到的只有嗜錢如命的人，根本沒意識到，只要我打開眼睛，身邊還有很多好女孩等著我去認識。」在他說這句話的同時，他已經和現任女友交往三年，準備邁入人生的下個階段，臉上的笑容是藏不住的幸福。

我不是要告訴你，世界上不存在拜金至上的人，但拜金是通例嗎？我認為不是的，也許真的有極少數人，是非要對方秀出雄厚的財力才願意交往，但有更多的人，他們看重的並不僅是金錢、成就，而是其他軟性的特質，像是好溝通、善解人意、溫柔等等。

以文森為例，他和女友們的其他追求者比起來，他的硬條件（學歷、收入、階級）並不是最優秀的，但因為他的隨和、包容，以及非常願意放下自己的成見去了解對方，幫他加了很多分，所以女生最後選擇的是他，而不是其他人。

這正好就充分解釋了權重對擇偶的影響，不是嗎？

對文森的女友來說，條件不是她最看重的計分方式，以這樣的計分方式加權計算，就不奇怪為何文森能在眾多競爭者中脫穎而出了。

看到這裡，我知道有聰明的朋友或許又要問，那如果條件的差距真的十分懸殊，比如一個人的月收入是五萬，他真能贏得過月收入百萬的人嗎？

嘿，說到這裡，我就不得不和你解釋「條件門檻」和「邊際效益的影響」了。

條件只是門檻，跨越門檻後各憑所長

有次研習會上，我正在分享職場自信的主題，一個在外商公司工作的年輕人問我：「我進這間公司半年了，常會覺得自己不如別人，因為其他同事都是海外留學回來的菁英，但我只是一般國立大學的碩士，很擔心自己能力比不過同事，請問我該怎樣調適這樣的心態呢？」

我說：「你在工作上常出包嗎？不然怎麼會這麼想呢？」

他回答：「其實我表現算不錯，常得到主管的誇獎，但就是過不去自己心裡那一關。」

又再和他聊了一會，瞭解更詳細的狀況後，我笑道：「我聽起來，似乎應該煩惱的人是你的同事，而不是你啊。」

他詫異：「怎麼說呢？」

我說：「他們遠渡重洋，在異鄉求學，回台灣好不容易才拿到這份工作，而你憑藉自己的優勢，省下了大筆學費也跨過了門檻，現在和他們站在同一條起跑線上，難道他們不該煩惱嗎？」

他精神一振說道：「對耶，這麼說好像也有道理，我從來沒有從這個角度思考過。」

那次聊天結束後，他整個人豁然開朗起來，上班時不再神經緊繃，而是換上一副有朝氣的模樣，他不再認為自己是不夠格留在公司的人，而是能進一步去思考，公司會聘用自己的原因是什麼，自信的火苗又重新在他內心燃起。

而既然職場上的邏輯是如此，只要改變思考角度，就能夠扭轉心態，化煩惱為勇氣，化自卑為自信，那當我們把狀況置換成戀愛，道理不也是一樣的嗎？

以職場為例，公司在招募夥伴時，會有所謂的最低門檻，有可能是學歷、英文程度、專業證照，或是業界的工作經驗，為此你必須擁有某些條件，或是為自己創造一些條件，才具備了面試的資格。

可是在進入公司後，大家的起跑線就一樣了，當然我們無法否認，也許「海歸碩士的光環」，在進入職場後也有一定程度的影響力，別人光是聽到頭銜，心裡就默默幫他加分了。

但加分的效益比並不是無限的，跨越某個門檻後，它終究會受到邊際效益的箝制，比如說，碩士學位可以加十分，但雙碩士學位卻不會加到二十分，真實狀況可能只有加十三分。

那換成戀愛來看，狀況不也是如此嗎？如果某人為自己設定了一道門檻，交往對象的月收入必須有六萬以上，那你說一個月收入十二萬的人，得到的青睞就真的是月收六萬者的兩倍嗎？當然是不可能的。

每個人在擇偶的時候，心中一定會為自己設定門檻，這個門檻可能是收入，可能是外貌，可能是社會地位，可能是眼緣，我們不需要去批判別人設的門檻有問題，只要給予尊重就好。

對我們真正重要的是，你得明白跨越門檻以後，權重高的項目是哪些？能幫你加分的項目是什麼？如果他想要的，與你擁有的東西是一致的，如此你在展示與自我揭露的時候，不就能更有彈性的去調整你和他之間的互動嗎？

條件存在的的意義，是幫助我們跨越門檻，而不是讓你放在賭桌上當籌碼用來跟別人比大小的，而跨越以後，你要做的就是認真去互動，享受你們相處的每一刻，不必叨念著自己不夠格去做些什麼。

找到和自己契合的人

魅力很重要，條件很重要，軟實力也很重要，每個人因所處的文化不同，生長的環境不同，自然會發展出自己獨有的價值觀和計分權重。

以古時的歐洲貴族為例，身份地位的權重是很高的，在那樣的文化底下，貴族和平民不允許通婚，即便通婚了，他們的子女也會喪失王位、爵位等繼承權，這不就等同是在現代社會中，也不乏有權貴世家只和相等地位者來往的潛規則嗎？

所以我並不是要告訴你藩籬不存在，那樣說太偏離現實，我也不是要告訴你，你要視別人重視的權重為無物，相反的你得去同理他們，因為對某些人來說，他長期受到那樣的文化薰陶，地位在他的價值觀裡，就是有高權重的佔比。

但這代表你就要放棄了嗎？

我想不是的，在認知到對方有那樣的思想後，你依然可以勇往直前的，只要你心甘情願，那就無所畏懼，況且，你沒嘗試過又怎麼知道，對方願不願意為你打開他的心？以我的經驗來看，我們的社會是相對開放的，這一代人的思想已經開放許多，權重的分佈也慢慢從「硬條件」轉變到「軟價值」了，只要你肯努力提升自己，一定可以把握幸福。

這一路上，你也許會遇到很看重金錢的人，也會遇到視財如土的人，也會遇到看重個性的人，這都是正常的，但千萬不要把自己的價值觀套在別人身上，一旦你那麼做了，必勝的執著又會升起，那會讓你看不清真相，讓你產生很重的得失心，也會讓你錯過很棒的對象，你的目標是**找到一個能互相尊重、欣賞的人，那就夠了**。

用寬廣的心看待計分權重

- ☑ 每個人都是獨立的個體，看重的東西自然不同。
- ☑ 你不必隨別人起舞，也不需強迫別人接受你的觀點。
- ☑ 找到一個和你能互相欣賞，價值觀一致的人就夠了。

04 得失心怎麼解1：錯誤方法

放下對求勝的執著，你就不必承受可能會失敗的壓力，那麼因此產生的得失心將不攻自破。

用寬廣的心去看待條件，你就不會把條件當成賭桌上的籌碼，而是將其視為參考用的擇偶標準，而比起條件的表面意義，你會更重視關於對方內在的東西，像是想法、個性、價值觀等等，並瞭解到你們是否契合。

如此一來，我相信你的得失心應該已降低了許多，剩下還會困擾你的，則是朋友們所給你的一些似是而非的建議，比如說「多線經營就不會有得失心」，又或者是「有得失心的時候，趕快轉移注意力就行了」。

為了讓你對得失心有更清晰透徹的認知，以下將更深入說明，為什麼朋友們給你的建議會是無用的，以及除了求勝執著以外，得失心還會用怎樣的形式存在，它又是如何影響你和別人的互動。

錯誤方法一：多線經營

很多自詡戀愛高手的人，常會建議想降低得失心的人，可以採用多線經營的方法。他們認為：「你會有得失心，是因為選擇不夠多，既然如此，那一次和很多人約會，得失心就不會那麼重。」

我不會說他們的回答是完全錯誤的，關於選擇不足的部分，確實如他們所說，是很容易影響心態的，而多線交往，確實也是一般人最容易操作，最快能見效的方法。

我也遇過有人說，談戀愛就像投資，當你把全部的錢都壓在同一檔股票，那你看著它起起落落，自然會有情緒，與其如此，不如把雞蛋放在不同的籃子裡，這樣你的得失心就會分散開來，不會胡思亂想。

可是，事實真的是這樣嗎？談感情和投資，其實還是大有不同的。

第一，情感資本不像是金錢，你放多少就是多少。如果你的心不夠定，情感資本是會隨著對方的條件而產生波動的！

比如一個稍有好感的對象，兩天不回你簡訊，你也不會有得失心，但你喜歡的對象只是已讀你半小時，你就急得像熱鍋上的螞蟻了。

第二，投資可以永遠都是多線操作，可是感情不行，有試過多線交往的人就知道，即使你能同時和很多人約會，可是到了某個時刻，你一定會發現自己真正喜歡的，就只有那一個人，這時你就會把所有的心力收回，全部投資在這個「最可能」和你進一步發展的對象上頭。

所以，要完全用投資的邏輯來操作感情，那是極其困難的，況且正常人連投資都會被情緒給牽著走，更遑論是時刻刺激著你荷爾蒙的戀愛呢？

再者，我不知道有多少人，是真的試過用多線交往來降低得失心，以我輔導過諸多個案的經驗來看，如果你多線交往是為了分散注意力，短期內確實能讓你暫時麻痺自我，但長久下來卻會衍生更嚴重的副作用——你在欺騙自己的感受。

為什麼我這麼說？**因為你就是太在乎對方，所以才一直想透過多線操作，來欺騙自己沒那麼在乎他啊！**

再說得直白點，多線交往也根本不是什麼治本的神奇方法，假設你的得失心原本是一百分，那麼多線交往不過就是把這一百分的得失心，平均分給四個對象，每個人分到二十五分，所以表面上你感覺自己不那麼煩躁了，但實際上你的得失心還是一百分，患得患失的情緒仍在，它一點也沒減少。

並且所謂的均分得失心，仍舊是自己騙自己，因為你清楚知道，你多線交往的目的，只是為了轉移注意力，可是一旦你最有好感的那個對象開始對你熱絡，又或是稍微對你冷淡一些了，你還是會立刻放下其他對象轉身關注他，此時你所有的得失心，又回到同一個人身上了。

錯誤方法二：轉移注意力

除了多線操作以外，另一個常聽到的方法，是建議你轉移注意力，把心思放在自己的生活，比如說努力工作、多出去社交、專注在運動，或是休閒娛樂等興趣。

然而，就如第一點所說的，這也不過是另一個自欺欺人的方法。

你企圖用眼不見為憑的方式催眠自己，告訴自己說，只要我不去看，不去想，就不會被得失心干擾，只要我把時間都花在工作，花在健身房上課，我就不會去在意他的一舉一動。

可是這是要騙誰呢？你只是在逃避，逃避去面對得失心背後的恐懼，所以你營造了一個「自己生活得很充實的假象」，讓自己有合理的理由不去想到他。

但你能騙自己多久？你打算在交往前都繼續這樣下去嗎？

錯誤的建議形同提油救火

☑ 當你越告訴自己你不在乎，那正好說明了你其實很在乎。

☑ 與其等到有喜歡的人才開始充實生活，不如平常就好好充實自我。

05 得失心怎麼解2：得失心的完整面貌

要解決恐懼的第一步，就是直接面對恐懼，並且把恐懼所要告訴你的事給挖掘出來。以下的三種心態，是我這些年從教學經驗中整理出，一般人最常會產生得失心的原因，只要從源頭把這些問題解決了，得失心根本不會產生，自然也就不需要你去降低得失心了。

一、佔有心態（求勝執著）

第一個最常見的心態是佔有，**你把對方視為自己「已經擁有」的某樣東西**，也因此，一旦這樣東西可能會被別人搶走，或是脫離你的掌控，你的心就開始躁動了。

此心態的起源就如同我在〈戀愛不需要必勝的把握〉所描述的一般，因為你心中先有了「必須勝利」的想法，所以你擅自為這段關係假設，你們會交往，你們會在一起，你們會幸福，而且這樣的幸福除了你之外，沒有任何人能給。

究其本質，這種心態其實是傲慢的，你忽略了對方也是一個自主自由的靈魂，你們會不會在一起，除了你的個人意願之外，也要尊重他的自主決定。

你得清楚，他是永遠無法被你擁有，無法被你征服，也無法被你馴養的，真正的愛情不是一廂情願的，你把手死牽著不讓他走，他總有一天會掙脫。

真正的愛情是兩情相悅，裡面沒有一絲佔有的，所以即便你把手放開，他也願意回來牽你。

二、你害怕錯過真愛

缺乏戀愛經驗的人，在初嘗喜歡上一個人的滋味時，往往會陷入一種「**他就是唯一**」的幻想。他為自己的心智做了一個假設，眼前的人，就是他一生在等待的真愛，如果錯過了他，自己將會抱憾終生，再沒有幸福的可能。

一個人只要有這種心態，不管他的異性緣再好，手上的線有幾條，終究會走向得失心爆炸的結局。

因為，每當他不斷告訴自己：「我要冷靜，我要跟其他人約會，或是做些什麼來轉移注意力，這樣我對他的得失心就會不太重。」

可是他心裡必定會有另一個聲音告訴他：「嘿，你這麼做不就更證明了，你真的放不下他嗎？所以才需要藉由和其他人曖昧來麻痺自我？」

所以這也是為何我會說，多線經營是無用的，當你的出發點已經是匱乏的，那你越想這麼做，內在的矛盾就會更深，終有一日你的得失心會失控。

但心態豐盛的人就不同了，以超越者為例，他們清楚知道，**愛不會僅存在唯一的對**

象身上，真愛是由自己創造的，認識新朋友的目的也不是為了求交往，而是為了擴大生活圈，增廣自己的視野，在這同時你會和其他有趣的靈魂產生交集，交集後你們若有共鳴，自然就會在一起，在這過程中你們雙方都不追不求，卻很神奇的就和「最適合彼此的人相遇」了。

三、你被過去受挫的回憶所困

得失心的成因除了上述兩種，也有一種更常見的可能是，你過去曾有不好的經歷，這些經歷潛藏的負面感覺限制了你，比如說：

1. 你曾經很喜歡某人，但某人不喜歡你

這個經歷讓你覺得，自己是沒有魅力的，所以才不被喜歡，此情況可能發生不只一次，於是更加強化你覺得自己是沒有魅力的人，你認為，沒有人喜歡你是合理的，因此若你察覺到有人對你有好感，你就會開始討好對方，試圖用獻殷勤的方式把他留下，而若你的討好不起作用，你的得失心就會爆炸了。

我有個學生浩源就是這樣，他說：「我已經三十好幾了，但人生中的每段戀愛都是單戀，每次都是我喜歡別人，但從來沒有人喜歡過我，我曾嘗試說服自己『總有人會喜歡你』，可是現實給我的打擊，讓我不得不去懷疑，或許自己真的就是沒有魅力的人。」

我說：「這不是一個事實，世界上不存在沒有魅力的人，只存在不夠瞭解自己、不會溝通與表達，因此無法揮發魅力的人。」

為了幫助浩源放下過去的負面經歷，我請他詳述了自己的交友流程，回憶一下他是如何和異性互動的，而我從他的聊天紀錄中發現，其實有很多人對他的第一印象是很好的，可是一旦對方稍稍釋出好意，浩源就會試圖用討好來應對，作出送禮、主動接送對方、請吃飯等意圖過量的行為，進而把對方嚇跑。

我和浩源說：「你知道自己有這些問題嗎？這些行為不是不能做，但你過度積極會給人很大的壓力。」

浩源說：「我知道這樣做是會破壞關係的，但每次我看到有機會想把握住時，腦袋一熱就忍不住那樣做了，事後回想起來才後悔，但往往已經來不及了。」

從浩源的陳述中，我察覺他的問題是由匱乏心態而起，而想徹底扭轉這種心態，得需要從細微之處著手，因此我在他的心智設定中，加上了一個警報器。

我請他詳列出「他在衝動時會做出的討好行為」，並運用我在課程中傳授的技巧，讓他把討好跟警報器連結在一起，往後只要他討好的意念一升起，腦袋內的警報器就會大響，他也會馬上意識到「我又討好了」。

如此一來他在面對這些問題時，就不再是沒有選擇權的，警報器能給予他緩衝，讓他能冷靜下來，思考過後再做出對的決定。

浩源的進步很快，兩個月後他就給我捎了好消息：「以前的我都是第一次約會就出局了，很難相信我現在竟然和一個有好感的女生已經約會第三次了，這是過去我想都不敢想的事，警報器這招真的很有用，它讓我能**用平等放鬆的態度和她聊天**，感情就這樣順順加溫了，我也開始相信，我是有魅力的人。」

2. 你曾經和某個人很曖昧，但最後他選擇了別人

談過幾次戀愛的人都會知道，曖昧不等於會交往，曖昧對象忽然對你很冷淡，或是你們看似有機會發展，最後他卻和別人在一起，這都是很正常的事。

但在你眼中，你看到剛要萌芽的愛情無疾而終，這讓你大受打擊，認為自己是不是

不夠優秀，自此以後，每當你在曖昧中感到對方似乎稍微冷淡了些，你就會開始胡思亂想，甚至沉不住氣逼迫對方表態。

雨軒年近三十，是一位從事公職的女性，因逢適婚年齡，親戚朋友們都很積極幫她介紹對象，期間她也遇過不少對象是互有好感的，但令她困擾的是，每次只要對方回覆她的速度慢了些，她就會開始著急，自己是否有做錯什麼事惹對方不開心，好幾次她都因為受不了等待，傳了一堆訊息過去問對方怎麼那麼慢回，幾段關係都因為這樣告吹了。

在輔導的過程中，我引領她一步步挖掘內心，而她所發現的真相是，她過去曾和某個男生互相喜歡，倆人的互動也很曖昧，可以靠著肩看電影，睡前也都會通電話，幾乎已經要確認關係，但最後男生卻因為不明原因，沒有再更進一步，雙方就慢慢淡了聯繫，幾個月後男生和另一個女生交往。

這段經歷給了她很大的挫折，她說：「從那段戀愛以後，我只要一對某個人有好感，就會想抓著他不放，我知道這是不對的，但是因為過去曾經被拋下，所以只要別人對我的反應稍微冷淡了，我內心就會出現被拋下的恐懼。」

我說：「你因為害怕被拋下，所以想藉由抓住對方來控制局面，但這反而成了他們會離開你的原因，我認為要真正解決這個問題，你得先搞清楚一件事，那就是——**沒有人可以拋下你，除非你自己遺棄了自己**。在你經歷過的這些戀愛中，對方也只是做了他的選擇，向前走到他要的人生，而你選擇留在過去，所以你才會覺得痛苦。」

看到這裡你應該發現，雨軒和浩源的問題是很相似的，都是因為過去的負面經歷讓他們有了恐懼，只是因為個性的差別，溫吞的浩源選擇了用討好來應對，而直腸子的雨軒則用逼對方攤牌的方式來處理，而兩種做法，都讓他們在戀愛中寸步難行。

我最後給雨軒出了功課，要她回去後用我教她的轉念技巧——三祝，將自己匱乏的心智設定做系統性的修正，如此她就能破除匱乏，不再擔心被拋下。而雨軒在認真練習了一個月後，她給了我很有趣的反饋，她說：「我照你說的方式梳理自己的信念以後，發現自己可以更清醒的戀愛了，以前男生只要對我冷淡一點，我就會很急著想做點什麼，贏回他的注意力，但現在我可以很平靜的去面對這一切，並且還有時間可以反思，他是否真的適合我，我不再是被選擇的那個人了，現在我可以選擇要不要投入愛情。」

3. 你曾短暫的和某人交往，但又因為相處問題被分手

分手不是一件新鮮事，不是每個人都能和初戀對象白頭偕老，對大多數人來說，和

一個人相識、相戀，最後分手，是再稀鬆平常不過了。

但有些人每次被分手的原因卻都是類似的，那就是「得失心過重」衍生的「佔有慾太強」的問題。

於科技業任職工程師的鴻霖和我說：「對我來說進入戀愛並不困難，我知道如何去認識異性，對於從認識到交往的流程也都很熟悉，但我碰到最大的問題是，我每段感情都不長久，最長的不過半年，最短有一個月就分手的。有好幾任女友都和我說，我交往前很正常，但交往後就會變成佔有欲很強的人，想要控制她們的行蹤還有生活起居，最後她們都是受不了我的緊迫盯人提出分手。」

我說：「那你是為什麼想要控制她們呢？是什麼原因驅使你那麼做？」

鴻霖說：「我以前其實不是這樣的人，是因為太放任某任女友，都沒有要她報備或是保持聯繫，所以最後我被劈腿，從那次以後，只要我和女生確認關係後，就會開始就變得疑神疑鬼，深怕對方會趁我不注意時背叛我。」

我說：「你的說法對於其他人不太公平，你把被劈腿的原因歸咎於你的放任，但事實上，那根本不是你能控制的，世界上有更多人是值得你信任的，她們也不需要你去管，她的品德會讓她約束好自己。」

鴻霖說：「我知道這對後來的人很不公平，她們沒有必要因為我過去有陰影就被我緊迫盯人，但我就是無法忘記那種被欺騙的感受，我現在也才剛和一個很好的女孩交往，所以才想尋求解決的辦法，讓我不要一直活在過去。」

我說：「如果你對自己重複遭遇的一切也感到厭煩了，那麼你要做的，就是**對自己說『我無法擁有，我只能經歷』**。」

鴻霖說：「我不太明白你的意思，情侶確認關係以後，不就互相擁有彼此了嗎？」

我說：「不是的，你會以為你擁有了對方，是因為他自願被你擁有，換句話說，你以為的擁有，是在對方允許之下才成立，並不是他真的為你所有了，所以實際上你們並無法真的擁有對方，你們只是在經歷一段雙方都有意願相處的感情。」

鴻霖聽完我的解釋後若有所思，接著拍了一下大腿說：「你說得有道理！奇怪，這麼簡單的事情，怎麼過去我從來沒有想通。」

我說：「因為你太害怕失去了，是害怕蒙蔽了你，但現在你明白了你根本無法擁有，那自然不會失去任何東西，所以你就想通了。」

為了確保鴻霖除了知識上聽懂之外，心態上也真的領悟到我想告訴他的東西，我又帶著他做了幾次冥想，幫助他放下過去遭到背叛的回憶。

鴻霖的悟性很好，因此他的改變幾乎是立即的，隔不到十天他就和我說：「當我意識到自己無法擁有，只能經歷的同時，我忽然覺得輕鬆極了，以前我天天都在擔心自己會被背叛，所以才想控制對方，但現在我感到很安心，可以完全信任我女友，和她相處起來比過去的每一刻都還要開心。」

藉由以上的故事，你應該明白了，戀愛不是成王敗寇的競爭關係，而是你情我願的選擇題。

所以你永遠不會輸給任何人，因為你喜歡的人選擇別人，也只代表他做了當下他覺得最合適的決定，你不需要去質疑、反駁，企圖證明自己比別人更好，因為那是無法被比較的，有些人希望另一半陽光開朗，也有人希望另一半溫柔貼心，想要的特質不一樣，選擇就不一樣，每個人的選擇都有其考量，我們只需要尊重就好。

如果正在閱讀此段的你，也被負面回憶所困，那不妨也問問自己：「我還打算活在過去多久？何時我才打算反省過往，把過去的經驗當成養分，化為我前進的動力？」

活在過去的人，會把現在遇到的每個對象，都看成是過去拒絕他的人，他們往往會在關鍵時候自亂陣腳，因為他們認為上次那樣做失敗了，這次也會重演過去的劇情。

然而把經驗化為養分的人則不同了，他能客觀地看待過去的自己，並且去探明當時兩個人沒能走到一起的真正原因是什麼，是他可以控制的部分呢？比如說心態、表達方式、互動技巧，還是他無法控制的部分，比如說價值觀、契合度等等，然後他會**把專注力放在他能改進的事情上面，其餘的交給對方去決定**。

扭轉匱乏心態

得失心的源頭，在於我們預設了自己將會「得到」些什麼，像是得到某個人的注意力、得到他的關心，或是得到他的愛慕等等的。可是你要知道，當你把心思寄託在一個隨時都會改變的東西時，如同也把掌控情緒的權力給交了出去，心情自然會隨著這些東西起起伏伏。

我認為，真正能破除得失心的終極解藥，是你徹底明白你所能體驗到的，只有經歷而已。

但這並不意味著，你要假設自己終究會失去，不是這樣的，假設了自己終究會失去，是另一種不健康的想法，會把你推向去成為浪子／浪女，而且那代表你還是把「得」這個字看的重，否則既無得，又何來「失」呢？

也因此，當你明白了自己無法得到，也無法佔有，但同時你也不會失去，不會損失，那你自然就會去珍惜和這個人相處的每分每秒，這種思想上的轉變，會帶給你很深層的信心。

接著，能做到這一步以後，你在看待「曖昧沒有結果」，或是「別人不喜歡你」，甚至是「曾被背叛」這些事情時，你就不會陷入負面情緒中，而後若你身邊有經驗豐富，或是深諳戀愛之道的人，那麼只要經他們稍加點撥，你更是能從這些經驗裡面，得到清晰的反饋和自省。

什麼樣的自省呢？

以雨軒為例，原本她是害怕失去對方，所以才想緊緊抓住曖昧，在過程中有時候她甚至也忘了，雙方是否契合，相處是否融洽，但在放下得失心以後，她開始能更敏銳、更客觀的看待與對方的感情，這讓她談戀愛的方式不再是一味的急著前進，而是能停下來想想，這個人是不是她真正喜歡的，以及她有沒有想繼續加溫這段關係。

以浩源為例，原本他無法認同自己可以是有魅力的，因此他只會用討好的方式來戀愛，但在破除得失心以後，他知道他其實不需要討好別人，因為別人是否要喜歡自己是別人的課題，他唯一要做的就是用舒適的節奏釋放意圖、展示自己，而這樣的心態轉換，反而讓他升起了自信，內在的魅力得以散發，自然就吸引到喜歡他的人。

以鴻霖為例，原本他因為被背叛的慘痛經歷，讓他往後進入關係時都有很重的控制慾，但在超越得失心以後，他開始能夠把舊對象的影子抹去，用全新的心情和尊重的態度來經營新的感情，和伴侶的信任關係也因此更加深厚了。

以我曾幫助過的人們為例，有很多人因為忘不了前任，為了分散注意力而到處認識異性，但卻始終在尋找前任的身影，在一次次約會中迷失了自我，但在跨過得失心的障礙以後，他們不再深陷失戀的打擊，而是能反省自己重新出發，堅定地朝真正適合自己的理想對象前進。

他們都曾因為得失心太重而跌倒，但也從失敗的經驗中，學到了如何轉換心態，如何調整自己互動上的細節，進而用更有把握的方式自在談愛。

那你呢，你準備好放下過去，迎向未來了嗎？

想對治得失心，你可以這樣思考

☑過去的你不代表現在的你，每段戀情都是全新的開始。

☑別人是否要喜歡你是對方的課題，請給予尊重。

☑不預設自己會得到什麼也就不會失去，也就根本不會產生得失心。

培育好感森林

1 L 520 Where

3 O 0487 is

1 V 990 my

4 E 258 love?

CHAPTER

5

常言道，不要為了一棵樹放棄整座森林，如此簡單的道理人人都懂，同時也是很多人碰到戀愛困境時，朋友們常會給的建議。

但就如同每個精緻的大道理一般，知道的人很多，能做到的人卻很少，給建議的人往往沒想過，如果在當事人的世界裡，他所能選的，真的就只有一棵樹呢？那麼放棄那棵樹的他，不就如同失去了全世界嗎？

因此我認為，一個人若想脫離這種「無樹可選」的困境，除了建立正確的戀愛心態（超越者），同等重要的是，他也得去擴大生活圈、創造連結、引發共鳴，如此一來，他就不會只能把注意力全放在某人身上，而是能夠從數個有好感的對象之中，選擇一個和自己相處起來最契合的人建立關係，我把這種有選擇的現象稱為「好感森林」。

本章將為你說明，如何正確培育好感森林，破解共同興趣才能交往的迷思，以及一般人常會搞混的——到底討好、誘惑、展示和吸引的分別是什麼。

01 生活圈太小是真的嗎？

要一覽好感森林的全貌，就必須得和你從「擴大生活圈的迷思」開始談起，很多人常會把它和「創造連結」或是「引發共鳴」搞混，因而無法對症下藥，白白浪費了寶貴的時間，重複做著無法改善現況的事。

你的生活圈不小，而是缺乏連結性

你曾因為認識不到異性，被別人說你得要「擴大生活圈」嗎？

當這五個字一出現，你內心浮現了什麼想法？是不是很直覺的聯想到，我得去多交朋友，多和不同生活圈的人交流？

擴大，本身隱含的意思是，因為你所佔有的領域過小，所以需要做些什麼來讓它放大，你才會得到更多機會，名為緣分的那樣瑰寶，也才會從中誕生。

也因此，當我們順著這樣的邏輯，很多浮沉於情海中的人，就會把緣分遲遲沒有到來的原因，都歸咎給「認識的人不夠多」，進而做出了「需要擴大生活圈」的結論。

但真相真的是如此嗎？如果換個角度，客觀的看待你週遭每個人的生活，他們的日常和你幾乎沒什麼差別不是嗎？還不一樣是你做什麼，他做什麼。

比如說，你上健身房，他也去。你週末和別人去爬山，他也在同一個登山社團裡。你是工程師，他也是工程師。你們之間唯一的不同，是他身邊時常有伴，你總是一個人孤伶伶。

所以，把生活圈太小當成理由，顯然無法精確點出你遇到的問題，因為你自己也清楚，**你的生活圈雖然不大，但一點也不小，裡頭早已具備了你所需要的一切資源**，但在其中，有某個你不知曉的環節出了問題，以致於你和其他人只是日復一日的擦肩而過，卻無法產生交集。

而現實是很殘酷的，你不會去關心擦肩而過的人，你不會記得他的聲音、容貌、氣質，那些人只是浮光掠影，別人在你眼中如此，你在他人眼中亦然。

至此，我想你應該察覺到，真正的問題是什麼了。

沒錯，那就是「缺乏連結」，你和你的生活圈沒有聯繫，和其他人沒有互動，所以你們根本沒有交集的機會，更別說要產生情感上的共鳴了。

再打個比方吧，如果一個人的生活圈很大卻缺乏連結，那就好比是你在最熱鬧的商圈開了一間店，你自認裝潢精美，商品絕佳，服務到位，可是你從來沒有把燈打開，大門也一直是緊閉的，那即使行經門口的顧客再多，也會因為商店毫無存在感，不得其門而入，使你無法做到任何生意。

關於生活圈的真相

☑ 90%的人的生活圈都是一樣大的。

☑ 差別只在於，你有沒有能力，讓擦肩而過的人能和你產生交集。

創造連結的高手

那具體來說，想創造連結應該怎麼做呢？怎麼樣才可以不再和人們擦肩而過，而是能把緣份握在手心？有沒有明確的步驟可供依循？

當然是有的，我也不是第一天就懂得這些，而是透過觀察和模仿，一點一滴增加了自己和生活圈的連結性。

我最初模仿的對象，是一個平凡無奇的中年男子，在我從一個「毫無存在感的人」轉變為「受歡迎的人」的這段期間，他扮演了一個重要的楷模，讓我徹底想通了創造連結背後的邏輯，他就是我的父親。

我父親是公務員，他不特別帥、不特別高、不特別會講話，除此之外還有一個啤酒肚，就是你在路上會看到的那種中年大叔。然而每一次和他一起逛市場或是逛街的時候，我都會很驚訝的發現，為什麼好像所有的人都和他很熟？為什麼這麼多人都認識他？

我自己也會去市場買菜，但完全沒有人記得我，店家也不會給我特殊優惠，而我父親只要一出現卻常常可以「免費加量」，他到底比我多做了些什麼？

有一次親戚臨時要來家裡作客，我們常去的市場那天休息，我和父親只好去另外一處我們很少去的市場，那天我一路上的心情非常期待，因為我終於有了機會可以好好的「從零到有」開始觀察他如何跟人建立交情。

不觀察還好，當我仔細看了之後才恍然大悟，原來只要這樣做，就可以和陌生人創造連結，進而建立起關係了啊！

我們進入市場先經過了肉攤，肉販吆喝他停下來看看，雖然那不是我們的採購目標，父親也對他做了某個動作，接下來經過魚攤、炸物攤、手工丸子攤，他都做了一模一樣的動作。

那個動作很微小、很平常、很快速，也不需要花他任何力氣，甚至可以說是簡單到不行，所以大部分的人都會忽略它的威力。當天在趕時間的狀態下，我們很快就把東西買齊了，而後來有幾次的機會，我又陪他一起去了那處市場，讓我更驚訝的是，那些攤販們竟然都已經記住他了，這不過就是兩三次的見面而已。（我指的是真的記住，不是為了做生意裝熟的記住）。

好的，我想你一定非常好奇，他到底做了什麼，且讓我用慢動作鏡頭來說明。當他走近對方，約莫兩公尺的時候，他會先看著那個人的眼睛大約零點五秒，等到距離再拉近到一公尺的時候，他會**輕輕的把眉毛揚起，露出微笑，並輕輕的向對方點頭致意**。

這個零點五秒很重要，你一定是和對方對上眼神才微笑，而不是在一開始就保持笑容，無時無刻都保持笑容，會讓你看起來像是候選人要來拜票，真正好的微笑，是要清楚讓對方知道，這份善意只專屬於你，而如果你是女生的話，在微笑時稍微把頭側十五度會更有親和力。

當然，僅僅是這樣的一個經驗，尚不足以說服理工科系出身的我，既然要實驗，我就要實驗到底，於是我開始計畫，我要把這個簡單的方法帶到我的生活，看看這會讓我原本的生活發生什麼變化。

微笑點頭的實驗

我第一個實驗的對象是健身房的櫃台小姐，以往每次去健身房的時候，我都是直接感應卡片進去，既不會跟對方對上眼神，也不會聊天，偶爾快對到眼的時候，我甚至會主動迴避視線，但那一天我決定採用新的方法：對視、微笑、點頭。

「嗶！」感應成功，我推門而入，小姐習慣性的抬起頭來看著我，我忍住自己想要移開視線的慣性，讓自己看著她的眼睛，並且繼續前進，離她更近一點之後，我輕輕揚了一下眉毛對她點頭，但因為實在太緊張了，我根本忘記了微笑這件事情。

那一瞬間的接觸雖然只有不到三秒，但對當時的我來說已經是一個非常大的突破。在進入健身房之後，我還偷偷回頭望了她幾次，確認自己沒有被當成怪人才放下忐忑不安的心。

第二次，在去健身房之前，我又在家裡演練了幾次，幸好這次遇到的是男生，不知怎麼的，跟男生對視壓力就沒那麼大了，這次的微笑和揚眉也做得很自然。接下來的幾次十分順利，我已經完全掌握這個方法，就好像呼吸一樣自然。

有趣的事情來了，到某一次我又進去健身房的時候，我已經不需要再這麼做了，因為這已經形成了一種慣性，櫃台小姐甚至搶在我之前對我微笑、點頭致意，並主動跟我打招呼。猜猜看這是我第幾次去？

剛好是第四次！

好的，我知道僅僅是這樣的效果，還無法滿足你的求知慾，對我來說也是，所以我開始把這個習慣帶入到我會在健身房碰到的人，我對那些我想認識的人使用這個簡單的方法，畢竟要實驗，就要實驗得徹底，對吧？

結果，只用了不到三個禮拜的時間我就辦到了，我很自然的認識了我想認識的人，有些人甚至會主動向我搭話，而到最後讓我困擾的是，我沒辦法穿得很邋遢或是不刮鬍子去健身房了，因為大部分的人都會和我點頭致意，同樣的，我也把這個方法用在一間我常去的拉麵店，老闆還會幫我免費加叉燒和升級大碗，這個成果實在是我始料未及的。

創造連結的方式

連結除了微笑點頭以外，也可以是一句招呼語，比如每天早上當你踏進早餐店，老闆娘總會問你：「帥哥，今天要吃什麼？」

這句詢問本身，創造了商家與顧客之間的連結，而如果他再多問你一句：「今天很早欸，最近比較忙吼？」

那你們的連結關係，就起了微小的變化，不再只是單純的交易關係，更有一層朋友的意涵。

同樣的道理，當你早上進公司看到隔壁部門同事，對上眼神的瞬間，如果你只是機械式的點點頭，臉上也沒有表情，那你們的連結就僅止於普通同事，但若是她親切的和你說早安，你充滿熱情的回應，也順便問候：「妳今天特別有精神喔。」你們的關係就向前了一步，她會察覺到你的微意圖，你的存在感開始變得強烈，你倆之間的情誼，開始能醞釀出更多可能性。

這也充分解釋了，為什麼有些人的生活圈和你是類似的，但他們卻彷彿受到幸運女神眷顧似的，總是會遇上看對眼的異性，因為他們從來不吝嗇去創造與其他人的連結。

比起一般人的相敬如冰，他們打招呼總是多了一點微笑，比起機械式的點頭致意，他還會再找機會問候，和你寒暄、閒聊幾句，甚至開一個無傷大雅的小玩笑。

人與人之間，就是透過這樣的微弱連結，慢慢的開始從擦肩而過的陌生人，變成有少許交集的普通朋友的，而在這些普通朋友之中，會因為價值觀一致、互動上有共鳴，自然產生出好友、知己，或是伴侶的關係。

創造連結的分解動作

☑ 當對方看到你時，和他保持眼神接觸，時間大約是零點五秒至一秒。

☑ 微微的揚起眉毛，露出微笑。

☑ 輕輕的向對方點頭，打招呼或是順口問候。

02 培育好感森林的三步驟

搞懂了創造連結這件事後，我們就可以把話題拉回主軸——如何培育你的好感森林。

我認為，其實人與人之間如何建立交情，在本質上和「品牌與顧客是如何建立關係」是很類似的，用這個角度去思考，你也可以很快了解到，自己所缺乏的到底是什麼。

一、擴大生活圈：曝光

首先任何一個品牌，要被顧客看到，第一步要有的就是曝光。以飲料品牌為例，你應該有無數次看到從你面前駛過的公車，刊載了全幅的飲料廣告吧，又或者是在捷運月台等車時，偌大的電子螢幕就秀出了品牌的 Logo。

種種的這些作法，都和擴大生活圈是一樣的，就是盡可能的增加自己去接觸人群的機會，接觸的人越多，母數越大，那麼在下一步驟的創造連結時，就有更廣泛的選擇性。

怎樣生活的人，工作曝光度會最低呢？以我身邊的朋友為例，其一是科技業的工程師。我的工程師朋友小豪，每天都是開車通勤，到公司後就進入無塵室開始一天的工作。午休時間，身邊的同事都是男生，他也沒興趣和他們多做交流，下班後就是買便當回家一個人吃，晚上閒暇時打打線上遊戲，一天就這樣過了，我曾幫他計算過，在他的一天內，和他擦肩而過的人，大概不到三十人，而其中他有意願產生連結的人，更近乎是零。

另一種人，則是線上接案的獨立工作者，我有做設計的朋友就是如此，他們從上班到下班，都是一個人窩在家裡，頂多就是吃飯時會外出一下，在這樣的狀況下，他每天會接觸到的人，可能不超過五個，而有些喜歡叫外賣送到家裡的人，更是可以把這個數字再往下降低。

當然，我知道有很多上班族，他們因為是內勤，也因為產業特性的關係，接觸的人數幾乎和以上兩種人不相上下，如果你的生活型態也像他們一樣，那你真的就有擴大生活圈的必要性，不論是培養興趣、參加同好會，或是運動健身都好，你至少得要讓自己能和別人擦肩而過，才有創造連結的契機。

二、創造連結：提高存在感

當你有一定的曝光量以後，你該做的就是積極創造連結了，用白話的方式說，創造連結之於品牌經營，就是「**你得讓顧客發現你的存在**」。

以交友軟體為例，當你註冊了一個軟體，寫好自介、放上照片，你就完成了「曝光」，大多數的平台，都會一步步教你曝光自己，而如果你開始發文、參與活動，收到別人的讚，回覆別人的讚，那你就是在「創造連結」了。

創造連結和曝光很像，但比起曝光，它的意圖又再更強烈一點，如果要為人際關係上的創造連結下一個明確定義，我會說，它是一種微意圖，用意是告訴對方：「你注意我的同時，我也注意到你了，我們同時發現了彼此。」

所以如前文所述，它可以是一個微笑、點頭、熱情的招呼、小玩笑等等任何可以幫助你和別人產生交集的行為。

普遍來說，如果你生活圈足夠大，也有高度意願去創造連結，卻仍然處處碰壁的話，那麼你所缺乏的，就是最後一個步驟了，引發共鳴的能力。

三、引發共鳴

從事教練的這些年，每次談到引發共鳴，很多朋友都會和我反應，他們和想認識的人沒有共同興趣，所以話不投機，無法產生共鳴。但我認為這不是一個事實，因為人與人之間，並不是有共同興趣就會成為朋友的。

・多數人的興趣都是類似的。

舉例來說，我們都知道很多人會成為好友，彼此真的是因為興趣相同而凝聚的，比如說很多喜歡打球的人，因為對籃球的狂熱而成為好友，天天在球場打到三更半夜樂此不疲，也有喜歡攝影的人一起上山下海，為了追求一瞬間的美景一起瘋，而喜歡追劇的人，只要一聊到劇情和偶像，更是可以聊好幾個小時都還意猶未盡。

因為興趣相同，所以成為好友，似乎是再正確不過的邏輯，可是你有沒有想過，世界上有更多人，他們曾經和你在同一個團體，可他們非但沒和你成為朋友，甚至幾乎不相往來。

可是有趣的是，你們的興趣意外的類似，這又要如何去解釋這種現象呢？仔細想想，你的生命中，這些人也不在少數吧？

比如你們可能都是桌遊團友，但每次出團的時候，你總是和某些人一掛，他和另外幾個人一掛，也許你們曾一起玩過無數次的桌遊，但實際上你們非常不熟，頂多是碰到面會打聲招呼點點頭而已。

又或者說，你們是高中兼大學同學，彼此間的共同好友超過二十個人，而且還都參加了同一個社團，比如說玩樂團、劍道、桌遊、健身等等任何你所能想到的。可是你們的交情，真的就止步於此了，你們不討厭彼此，過去也曾有多次機會單獨相處，可是不知怎麼的，你們就是無法產生共鳴。

再舉個聯誼的實例，參加過聯誼的人都知道，聯誼時主辦方一定會要你填寫個人小卡，除了職業星座以外，還要附上你的興趣嗜好等等，而我看過太多的人都是這樣寫的：

男生：運動、健身、跑步、閱讀、投資

女生：美食、旅遊、電影、貓、星座

有些男女則考慮到，或許興趣跟對方相同，比較有開啟話題的可能，因此會故意寫上對方可能會感興趣的話題，那就會變成以下這樣：

男生：旅遊、星座、電影、貓、運動

女生：健身、跑步、美食、旅遊

從你的經驗來看，你覺得這些男女，因為有共同興趣讓他們聊起來的比例有多少？兩個素昧平生的人，真的能因為有共同興趣就聊起來嗎？

有些更聰明的人馬上會意識到，也許是興趣寫的太廣闊了，如果把健身再細分成重訓、電影具體化為劇情片、貓狗具體化為橘貓，是不是就有話聊了呢？

很遺憾，我看過的男男女女們，能夠因為這樣就聊起來的人依然寥寥無幾。

別再相信沒有根據的朋友建議

☑不是所有女生都喜歡聊星座美食旅遊。
☑也不是所有男生都喜歡聊投資、運動、車子、手錶。
☑就算他真的有興趣，你們能否聊起來也是另一回事。

共同興趣是一塊磚，而溝通是一座橋

好的，那共同興趣就真的無用了嗎？

並不是的，如果把人與人之間的溝通比喻成一座橋樑，那麼共同興趣就是築起這座橋的其中一塊磚，它提供了一個基礎，讓剛認識的人們有著力點，可以在特定的話題上交流。

但溝通橋樑並不是僅靠一塊磚就能支撐的，也不是非得要「共同興趣」這塊磚不可，我認為其中還有些更重要的東西，才是真正能撐起這座橋的主體。

舉個實例，有次學員柏毅和我討教，他說：「我聽別人說聊天要投其所好，於是我事先瀏覽了女生的社群，發現我們的共同興趣都是看電影，我知道她很喜歡《鐵達尼號》，所以我特別在聊天時帶入電影話題，並問她最愛的經典片是什麼，果不其然她跟我說是鐵達尼號，她還說這部片超浪漫，每次看完她都會哭得很慘。」

我說：「開頭聽起來還行，那你怎麼回覆她呢？」

柏毅說：「這就是我不太明白的地方了，我當時想到，很多書上不都教我們要呼應對方，給予認同嗎？於是我就說：『真的，這部片超好看，當年的票房超過二十億美金，如果沒有阿凡達出現的話，它就是影史的票房冠軍了』，然後……。」

我接續他的話說道：「然後就沒有然後了，對吧？」

柏毅說：「對啊，這個話題結束後，我和她的聊天就完全乾掉了，後來那次的約會就不了了之。」

看完以上這段對話，我不知道你是否發現，一般人在交往時會遇到的問題了？

是的，答案就是溝通，溝通能力的高低，基本上決定了交流程度的深度與速度，也決定了彼此能不能產生共鳴。

以柏毅為例，他和女生的對話根本不在同一個頻率上，我向他分析：「你沒有注意到對方真正關注的東西，所以你的給予認同完全用錯方向了。」

柏毅問：「什麼意思？她關注的不是電影嗎？」

我說：「電影只是一個媒介，真正重要的是，她從這部電影中獲得了什麼，你回想一下她回覆你的那句話，不就提到了兩個關鍵字『浪漫』和『哭得很慘』嗎？這不就透露了，她是如何理解這部電影的？所以如果我是你，我不會用『這部片超好看』來呼應，這是一個完全無效的呼應，根本不是在她在意的，所以也無法促使她有動力想延續話題。」

柏毅說：「那我該說些什麼來呼應她呢？」

我說：「我會向她說，讓我猜猜，你哭得最慘的那一幕，是不是最後傑克快要凍死，蘿絲牽著他的手看他靜靜死去？如果她說是，接著我會問她，如果她是蘿絲，她會選擇一個人獨活，還是跟傑克一起死去。這樣你可以分辨，我的呼應和你的呼應有什麼區別了嗎？」

柏毅說：「我好像明白了，我想聊的是這部電影創造的成績，但她想聊的是電影帶給她的感動，所以照你的方式聊，會比較輕鬆能和她產生共鳴。」

我說：「沒錯，**你關注的是電影在影史上的成就，但她關注的是看電影的浪漫感受**，所以你會不斷的想聊這部電影拿了什麼獎、創下什麼紀錄、捧紅了哪些演員，但她看到的可能是女主角心境的轉變，哪一句台詞讓她心碎，又勾起了她哪些回憶。」

以上我為柏毅的解析中，所教他使用的是名為《風》的溝通技巧，可以讓你在聊天時順暢接話，和不同人對談時能輕鬆延續話題，在後面的文章裡，我會把《風》的六大步驟條列，讓你可以參照學習。

透過柏毅的故事，我並不是想告訴你，你非得要配合對方去聊天才是對的，事實上柏毅並有沒錯，女生也沒錯，因為他們只是直白的說出自己想說的，在他們的價值觀裡面，就是用如此不同的角度在欣賞電影的。

但從另一個角度來看，兩人也都有錯，因為他們沒有意識到，自己的聊天方式出了問題，所以即便他們都有認識對方的意願，也會因為溝通技巧的不足，使他們即使有共同興趣，也無法引發共鳴，如果他們沒有在另外的話題上有激盪，那就會因為交流的深度不足，讓交情無法延續。

現在，我想不用我再提示你，你大概也知曉了，是什麼東西撐起溝通橋樑的主體了吧？沒錯，就是你的說話能力，你也可以用聊天、閒聊這些詞彙來代替，指的都是同一件事。我認為這項能力對你培育好感森林的影響程度是最大的，遠遠超過了擴大生活圈和創造連結，也是你真的需要投入時間去精進的。

03

引發共鳴的四大要件

如果說擴大生活圈是「曝光」，創造連結是「提高存在感」，那麼引發共鳴就是「讓你們有進一步的互動」，三者兼備，就能培育出好感森林。

然而在此你需要注意的是，雖然共鳴要靠溝通來引發，但共鳴是無法直接透過做些什麼而產生的，它是匯集了很多因素，以及各種條件都已熟成的情況下，自然迸發出來的東西。

但也由於條件繁多，要一一詳細解釋的話，得要再寫一本書才能交代清楚了，我把重點條件統整成四項，分別是：你能聽懂他想說的、你說的話他能聽懂、他能聽懂你想說的、他說的話你能聽懂。

我知道你應該有點糊塗了，這像繞口令一般的重點在說什麼啊，讓我為你說明吧。

你能聽懂他想說的

我們每個人，都是在不同的環境和教育下長大的，因此對於一件事情的解讀，都有自己主觀且獨特的看法。

人與人之間尚且如此，就更別提男女的差異，會讓解讀的差異更加擴大了。

以聊天為例，如果某個女生忽然私訊你說：「好無聊喔，你在幹嘛？」這很大程度上代表了她想和你聊天，希望你可以開個話題，同時這也是一種高度親密意圖的展現。

這時男生若是不懂女生的心思，僅僅是回答：「沒有啊，就在看電視，怎麼了？」那這個話題八成會戛然而止，就這樣畫下句點了。

所以，如果男生能讀懂女生的想法，便可以回覆：「你猜猜看啊，猜對請你喝飲料。」或是乾脆說：「我也是，不然出來看電影怎麼樣？」那麼話題將可以被導引到一個相對有趣的方向。

可是在此我希望你明白，聊天這件事是雙向的，並沒有規定說誰一定要負責引導話題，誰要致力於讓互動是有趣的，但既然你想要引發共鳴，那麼讓自己保持足夠的敏銳度，**察覺到對方的意圖，進而去調整自己的回應**，牽動話題發展的方向，就是你應該去做的。

另外一個男女不同調的案例，則是來自「直接間接」的區別，男生的表達大多是直接的，女生則是迂迴的，並且在我的觀察裡，在亞洲文化薰陶下成長的女生，更是會傾向用「暗示」來傳達自己的想法。

舉例來說，一對男女正在約會，因為天氣炎熱，女生想要找個地方乘涼，她會說：「今天太陽好大喔，超熱的。」但是她不見得會說：「我們找個地方乘涼休息一下好嗎？」她更希望這句由男生來說，而她也希望男生藉由自己的暗示，就能接收到訊息。

這些矛盾，也不只會表現在交往前，交往後我們不也常聽到女生說要分手嗎？每次這些話一出口，總是會傷到那些思考直線的男生們，因為男生們以為，如果她說出要分手了，那必然是一個決定，可是女生口中的分手，往往是一種試探。

這就造成了很多女生不解：「為什麼我男友對這段關係那麼不堅定，我只是用分手試探他，他就真的答應了。」

可是男生也是滿腹委屈：「如果她說要分手，那她一定是想清楚了才那麼說，因此我尊重她的決定，誰知道那只是她的試探啊，真正愛我的人，才不會試探我。」

所以我認為，對男女雙方來說，你們在互動聊天時，能不能聽懂對方想表達的，那就是一個關鍵了。

當你能妥善的接下每一顆球，看出球路背後的意圖，那麼你在回應上自然能更有餘裕，讓你們的互動是舒適流暢的。

你說的話他能聽懂

有一次一個女生朋友和我抱怨：「我真不知道那個男生是怎樣，我都已經暗示我對他不感興趣了，他卻還是一直找理由邀約我，真是好煩啊。」

聽她這麼說，我向她要了對話紀錄，幫她看看她是如何拒絕的，為何男生可以如此固執的死纏爛打，於是我看到，她是這麼「拒絕」別人的。

「禮拜三那天我剛好有事欸，不好意思。」

這時男生又說了另一個日期，女生只好再搬出另一件事來抵擋攻勢，稍有社會歷練的人一定會想，女生拒絕男生那麼多次了，男生應該要有自知之明，人家是在給他碰軟釘子吧。

然而，若我們站在一個客觀的角度來看，你會知道有少部分的男性，就是抱持志在必得的決心來和女生交往的，若要對付這種人，讓彼此都別再浪費時間，最好的方法就不是一再給他軟釘，而是直接拒絕他，或是斷然封鎖才最有效率。

表示拒絕如此，提出邀約也是如此，我見過很多不善邀約的人，明明是想和對方交上真正的朋友，但每每提出邀約時，常會把自己的意圖給層層包裹起來。

比如說他們是同事，他就會說：「有個案子想和你討論，你下班後有沒有空？」

那試想看看，當你想和某個人建立交情，可是所有的話題都只圍繞在公事，你們怎麼可能會有進一步的交往呢？

另外要注意的是，有不少人會把「讓對方能聽懂」與「說中他想聽的話」給搞混。

有一部浪漫喜劇電影《今天暫時停止》就是這樣的，男主角被困在二月二日，每天醒來都會過上重複的一天，察覺這點的他開始利用此一現象，他蒐集了身旁所有女生的喜好，精準的說中她們想聽的話，用人為的方式製造一連串的巧合，比如猜中她想喝的飲料，說出她就讀的高中等等，進而能一親芳澤。

我認為這樣的一種方法，和討好者／誘惑者別無二致，請記住，你不是要來取悅對方的，**你提升聊天能力的目的，只是為了讓你們的交流能更順暢，這樣才能瞭解彼此最真實的樣子**。

換句話說，你們有沒有可能聊得很熱絡，交流順暢，卻互不來電？當然會有的，不來電本來就是很正常的，但即使如此，你依然交到了一個不錯的朋友，得到了一次寶貴的經驗，不是嗎？

調整和提升你的表達，確保對方有聽懂你想說的，是你在一段關係中應負起的責任。

（表達是輸出，傾聽是輸入，兩個能力彼此有加乘作用，但實務上是需要拆開練習的，特別是表達，更是需要反覆操作，也許有些時候你自認可以百分之百聽懂對方的話，但那並不代表你在說話時，也能做到百分之百讓對方聽懂你的真意。）

你能明白以上兩點，並且盡力去提升自己的溝通能力以後，共鳴的產生，就是自然會發生的結果，至於後面的兩點：他能聽懂你想說的、他說的話你能聽懂，就不是你應該負起的課題了，那是對方在和你互動的過程中，他所應該要負起的責任。

聊天應有的正確心態

- ☑ 你不是來取悅任何人的，所以不必討好或迎合對方。
- ☑ 你也不是來說服別人你很棒，所以不需要炫耀和抬高自己。
- ☑ 你是來認識和瞭解彼此的，專注在創造好氣氛，對話自能順暢延續。

高度共鳴的前提，來自順暢無礙的溝通

如果你有認真去練習，你會發現，你對於「共鳴」這件事的理解會更加深入。

以往你可能以為，雙方的知識水平一致，能夠好好溝通，就是所謂的「有共鳴」，但是當你的溝通能力上升到一個層級以後，你會知道，真正的共鳴是在「可以順暢溝通」之後才能察覺到的，也就是「高度契合」。

換句話說，你有可能遇到一個人，你們很瞭解彼此，你們往往只需要一句話一個眼神，就能猜到對方在想什麼，但也正因為如此，你們都清楚知道，彼此之間真的有些價值觀上的差異。

在這個時候，你們去作出「是否要交往」的決斷，才會是一個明智的決定，否則，溝通能力不足的倆人，往往是因為無知而在一起，又因相知而分離，與其如此，不如在交往前就好好的提升表達和傾聽的能力，減少嘗試的成本。

當你能做到這一點，並結合完整的戀愛模型以後，你的好感森林才是真正的成形了。

以往的你，可能對於另一半沒什麼要求，只要看得順眼，聊天能同頻就夠了，可是你會發現，每一個符合條件的人在和你交往之後，莫名的都會出現磨合問題，最後你們總以「他人很好，可是我們不適合」的理由分手。

但現在不同了，你的擇偶標準清晰，戀愛模型具體，聊天能有共鳴，**你將會比過往**

的每一個時刻都更清楚，自己在找尋的那個人到底是誰，而如果對方有和你同等高度的認知，你們擦出火花的速度將會是飛快的。

因為，你們都曾旅經一片廣闊的森林，森林裡有很多樹向你們招手，希望你們停下來乘涼，甚至邀請你和他們長相廝守，但你們因為歷練的豐富經驗，在看到樹木的當下，就幾乎能預測未來，所以你們不會強求合不來的緣分，不會執著於擦肩而過的遺憾，而是能靜靜等待合適的人出現的那一天。

想成為搭橋高手，你得做到系統化的改進

以上的觀念，是任何想建造一座堅實的溝通橋樑的人，都不可忽視的大重點。然而，也如前述所說，你不會在明白這些觀念以後，瞬間就成為「搭橋高手」了，建築橋樑還有很多細節、訣竅，是你要特別去學習，花時間去打磨的。

以我自身為例，我也不是第一天就懂得如何聊天，事實上，我的起步時間比大多數人都晚，就拿創造連結這件事來說吧，我為你分解了它的詳細步驟是微笑、點頭、揚眉

以及那微妙的零點五秒，可是對很多天生好手而言，他們早在學生時期就把這些東西內化，變成一種自然反應了，但我則等到了十九歲以後，才開始有系統的去學習這些藝術。

也因此，在我剛開始認識異性時，常會因為誤會對方意思，錯把問候當成示好，錯把好感當成無意，錯失了很多機會，和本屬於我的緣份擦肩而過。

我曾為此氣餒過，但我從沒有放棄提升自己的聊天技巧，每次只要有機會能練習，我都會努力嘗試，當時我是這麼想的：「既然在過去的歲月我因疏於練習落後給同儕，那在未來的每一天，我都要用五倍的努力來彌補。」

所以在大學時期，只要有上台報告的機會，我一定極力爭取，同時我也主動擔任公關，幫系上的同學籌辦聯誼，出社會後我更是為了加倍砥礪自己，把自己扔到需要用溝通來實戰的業務工作，我也就這樣從菜鳥業務開始，一路成長為每年能做到千萬業績的銷售顧問。

而我的聊天水平，也從連新手都不如的程度，到後來被一位交往經驗豐富的女生朋友稱讚：「你的聊天方式讓人覺得很舒服，主動但不侵略，幽默但不輕浮，能完美接到女生的每一顆球，但又不會讓人覺得很油條，就很像在跟一個認識多年的朋友聊天一樣輕鬆。」

行文至此，我知道有朋友會嘆道：「天啊，要成為一個會說話的人也太難了吧，我不像你一樣從事業務，平常也沒有那麼多時間練習，那我豈不是要永遠單身下去？」

嘿！請切莫慌張，如果狀況真是如此，那世界上應該滿是單身的人了，但實際情況並不是這樣的，我以為，如果你學習說話的過程沒人帶領，只靠自己盲目摸索，那要提升到超業等級的說話能力，沒有個十年八載確實很困難。

但現下的你，並不同於我當年的處境，你沒有要成為超業，而是以能順暢聊天為目標，你也不是矇著眼亂闖，而是有許多前人的經驗供你借鏡，再以我這些年的教學經驗為例，在我輔導過的人們之中，很多人一開始是連開話題都很困難的，每每是說不到三句話就冷場了，但他們在使用正確的方法練習後，半年一年內都獲得了長足的進步，和喜歡的人聊上兩小時都是稀鬆平常的事。

我自己也曾是對說話一竅不通的人，現在所擁有的能力，完全是透過努力練習培養出來的，所以我十分瞭解，一個人要從完全不懂說話，到能夠侃侃而談，輕鬆搭建溝通橋樑，需要做到怎樣的練習，才會是最快最有效率的道路。

那實際上要怎麼做呢？

由於篇幅有限，在本書內我要給你的第一，也是唯一的建議是——**你得把溝通系統化，並針對自己的短板逐一練習和改進。**

系統化與專一化的重要性

溝通可以很難，不得其門而入的人會視其為藝術，認為這是天資聰穎的人才能掌握的，但溝通其實可以很簡單，如果你能把它拆解成細節和微小的元素，那它就會變成科學，有詳實的步驟和方法可供依循，你也能針對自己的弱項一門深入。

當然，你不會一開始就具備那樣的能力，所以你得先參考各家所長，從中學習前輩們的長處。

那為何一門深入如此重要呢？因為就如同我前述所說，溝通是一座橋梁，而既然如此，有些東西在橋樑中就扮演了主體，如果你對主體的結構掌握不到位，只是不斷去鑽研一些雕樑畫棟的小玩意，那這座橋是怎麼也搭不成的，你和對方也將無法過橋，進到彼此的內心世界。

也因此，如果你是想節省時間，想盡快學會如何搭橋的人，把聊天分解成更縝密的細節，針對你的弱項去練習，你才能對症下藥，擺脫無法產生共鳴的窘境。

而在此我要分享給你的，是我總結了多年實戰經驗，集合了銷售、情感、教學等領域的精粹，所創造出的《風林火山》的《風》，我將其列表化，方便你逐一去比對和自省，你可以藉此瞭解，自己在每個項目中的把握度有多高，又有什麼是你需要改進的。

列表如下頁：

引發共鳴的六大重點

動機觀察	你是否能聽出別人的話中有話？
	你能否準確判斷對方意圖量的高低？
	你能否知道你身上最吸引對方的特質是什麼？
開話題（破冰）	你能否自然破冰，讓開場像是閒聊，而不是有意為之？
	你是否能在破冰加入意圖，讓破冰是有溫度的？
	你是否清楚，在當前的情境中適合聊些什麼？
關懷認同	對方在表達他的想法時，你能否讓他感覺到認同？
	你能否用討好以外的方式呈現認同，且能暖到對方心裡？
自然接話	當對方說完一段，話語權回到你手上時，你能否自然的延伸話題，而這個話題剛好也是對方感興趣的？
接話後續聊	當你接的話題引起對方興趣後，你能否在僅對該話題只有基本了解下，讓對話輕鬆舒適的延續下去？
聊完後轉題	當對話的溫度開始下降，你能否是先察覺到，在尷尬出現之前轉移話題，重新賦予對話活力。

幽默的誕生，來自你有精熟的語感

以上所提的六個細節，皆出自於我創造的《風》，是我認為搭建溝通之橋最基本，但也是最重要的元素，我知道有心急的朋友會迫不急待想略過這些，直接去學習幽默、開玩笑，或是炒熱氣氛，想用神來一筆的方式，給對方留下深刻的印象，但身為一個教學者，我有義務告訴你，一開始就以幽默為學習的目的，是非常不切實際的。

我會這麼說並不是想潑你冷水，或是否定幽默的重要性，然而你可以試想看看，如果你死記硬背了很多梗，但對於我在《風》所提的六點完全不熟，那你要怎麼靈活使用這些東西？

再打個比方，我認為幽默這件事，就好比是運動比賽中的特技，像是足球的倒掛金鉤，籃球的扣籃，棒球的全壘打，它並不是比賽的常態，但出現時可以增添比賽的觀賞性，然而要做出這些高難度動作並不是短時間內就能辦到的。

就好比你有聽過哪個運動員說，下一球我要灌籃，下一個射門我要倒掛金鉤，下一球我要全壘打嗎？除了極少數的超級球星外，你大概永遠不會聽到他們這麼說，因為這些驚人的美技，是來自於紮實的基本功所積累出的球感，而在絕妙的時機來臨時，自然會綻放出來的。

運動如此，溝通亦然，**一個人要能隨意揮灑幽默，前提在於他對語感的掌控足夠敏銳、有彈性、收放自如，而語感的培養，則來自於你對上述六大技巧的熟悉程度**。

而當你的語感達到一定程度以後，你也會漸漸的發展出自己的個人聊天風格，比如有些人的提問能力很強，那麼他在導引話題上就佔了優勢，高手甚至能做到僅用提問就改變對方的情緒，讓心情不好的人破涕為笑，也有些人很善於引發好奇心，那他的說話就會充滿張力，能抓住聽者的注意力。不知道你是否已發現，當一個人的基本功已達標，而且又對於某項技巧足夠專精，不就自然會形成他專屬的說話魅力了嗎？

回到正題，你應該如何提升你的聊天技巧以搭建溝通橋樑，自在的和你想認識的人引發共鳴呢？

首先，你應該先補足你的短板，在上述《風》的六點中，又特別以破冰、自然接話、關懷認同為最重要，這幾個短板你沒有補上，溝通橋樑就無法成型。

接下來，當你培育出基本的語感後，你可以再針對你想精進的溝通技巧，比如說引發好奇、升高張力、拿回主控權等等，用一門深入的方式去學習，這樣一來你就是往正確的方向上前進了，你的進步會是快速的，也不再是盲練瞎學，而是有系統的訓練，對於自己的學習進度能了然於心。

如果對於進度的掌握沒有概念的人，可以用以下的分級方式，來評判自己大概落在哪個等級。

初學：聊天技巧欠佳，需要以共同興趣為媒介，才能讓話題起頭，對於延續話題有障礙，常會陷入尬聊，也接不到對方拋出來的球。

中階：聊天技巧不錯，有沒有共同興趣都無所謂，你可以快速從當下的情境、日常瑣事尋找到切入點，然後由一點突破，聊深，產生共鳴，但偶爾還是會有聊到氣氛乾掉的狀況。

高手：聊天技巧傑出，你信手拈來都是話題，已經達到無招勝有招的境界，常常可以預測這段對話的走向，進而提前做出鋪陳和反應，你可以輕鬆和初次見面的人聊上三小時，別人會被你的言談深深打動和吸引。

帶著豐盛的心開始行動

現在，我想你對於培育好感森林的三大關鍵：擴大生活圈、創造連結、引發共鳴，已經有深刻的瞭解了，那麼最後一件我想提醒你的事，就是你應該具備的心態了，它的重要性不亞於前三者，甚至很多時候，緣分會不會出現，就是由你的心態所決定的。

心態對於一個人的影響，不僅僅是氣質上的外顯，也會直接反映到當下的言行，帶有強烈目的性的人，往往會讓人有侵略性高、魯莽、焦躁的不適感，敏銳度高的人，可能和你談不到兩三句就被你嚇跑了。

以凱文為例，他在身為討好者的時候，一樣很努力去結識朋友、盡力維持對話氣氛的熱絡，但因為他的過度熱情，所以總讓別人覺得他別有目的，他的殷勤也讓對方備感壓力，所以他得到的下場常是熱臉貼冷屁股，或是以被發好人卡為結局。

而凱文因為受夠了被發卡，走向了誘惑者的道路，以為用引誘的方式，就可以培育出好感森林，可是結果終究是讓他失望的。雖然引誘的方式讓他可以稍微控制場面，但因為他太想要影響別人，過多的得失心使他陷入崩潰，讓他非常不快樂。而且這樣的出發點，仍是以「別人為中心」在經營生活，他根本無法享受社交生活，最後他往往因為太想得到別人關注、在互動中給對方施加過多的壓力，破壞原本能自然發展的和諧關係。

真正良好的心態，是超越者般的坦然，你對美好的感情抱有期待，而這份期待是豐盛的，不帶目的性，因此你可以舒適的去認識人和交流，然後隨順人際關係自然去發展，不合可以當一般朋友，合得來則可以相約吃飯看電影，而當你能做到如此，那麼我相信，你的溝通橋樑必定會是寬廣而光明的，每個行經此處的旅人都會想進來你的世界一探究竟。

萬事俱備以後，就等願意互相灌溉的人出現吧

前述我為你提到，培育好感森林就像在建立品牌，這是為了讓你方便理解和記憶，而若我們從本質上來理解森林如何養成，你要做的步驟就是整地翻土（擴大生活圈），播下種子（創造連結），以及細心的去灌溉樹苗（引發共鳴），並且讓溫暖的陽光照耀在整片大地（心態），每一個步驟都有其存在的必要性。

好感森林

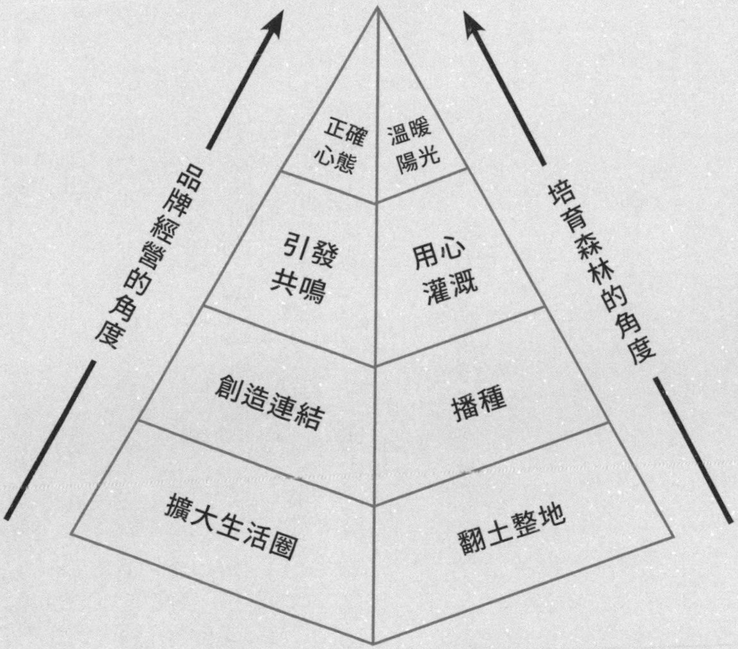
正確
心態
溫暖
陽光
引發
共鳴
用心
灌溉
創造連結
播種
擴大生活圈
翻土整地
品牌經營的角度
培育森林的角度

少了擴大生活圈，你會連開始都寸步難行，少了創造連結，你將無法和人有交集，少了引發共鳴，你將無法進入對方的世界，少了正面的心態，你將無法達到超越者之境。

而能做到這些以後，剩下你需要具備的就是耐心了，因為培育森林是著急不得的，每顆樹能長到多大，它長大後是否能為我們所有，就不是你該去控制的。

因為每顆樹本身都是一個獨立的靈魂，它享有和你一樣的自由，也在找尋自己的幸福，我們所能做的，就是釋出自己最大的善意，同時你也不需要覺得孤獨，覺得這一路上只有你在孤軍奮鬥，你可別忘了，**你在澆灌別人的同時，你也正被別人澆灌著，你是森林的培育者，但也被別人培育著**。

在這趟旅程中，保有你的真實，盡力提升自己，在某個時刻，那個願意互相灌溉的靈魂自然會出現，和你共譜出一段美麗的故事。

04 討好、誘惑、展示和吸引

在前面的章節裡，介紹了討好者、誘惑者和超越者的分別，而現在你更具備了好感森林的思維，兩者齊備以後，我終於可以進一步為你說明，一樣是建立好感森林，但因著心態上的分別，這三種人在魅力的傳達上（培育森林的過程），使用的策略和方法會如何不同，又會得到怎樣迥異的結果。

首先你得要了解四個詞彙，分別是討好、誘惑、展示，和吸引。

第一是討好，討好指的是，你渴望別人對你產生好感，為了達成這個目的，你以獻殷勤的方式，嘗試引起對方的注意，常見的方式有幫忙跑腿、買宵夜、當司機、送禮物、當對方的情緒垃圾桶等等。

接著是誘惑，誘惑和討好很相像，你一樣是出於「想讓別人喜歡你」的出發點，所以你特意去操控某些技巧，讓和你互動的人不由自主的喜歡你，常見的方式有賣弄才學、暗示自己行情很好、為對方創造一個情敵來使他吃醋、有意無意的自抬身價等等。

第三則是展示，展示代表你沒有控制他人的想法，你完全尊重對方的自由意願，而為了讓對方更瞭解自己，所以你把真實的生活展示出來。

這三種行為，都是由主控者發起，有些時候他們做的事看起來很相像，可實際上，因為出發點不同，他們的言行舉止會有巧妙的分別，歷練足夠的人一眼就能看穿。

再說得直白一點，如果戀愛是一場表演，那討好就是會去幫評審端茶送水，跟在他身邊忙前忙後的人；誘惑則為了贏，則會偷偷給評審塞紅包，或是用賄賂的方式，暗示評審要把冠軍判給他；至於展示和前兩者的動機就不同了，展示重視的是，如何憑著自己的真本事贏得掌聲，他寧可光榮的落敗，也不願用走後門的方法取勝，這是展示與其他方法最大的差別。

而不管你在戀愛中使用的策略是討好、誘惑，或是展示，最終都能達到「吸引」的效果。

吸引指的是一種現象，當某個人被你的魅力、特質、行為舉止牽動了目光，因此想要更靠近你、更瞭解你，踏進你的世界，走入你的生活，那吸引就產生了（當這種吸引發生在複數的人身上，也代表你的好感森林成形了）。

討好與誘惑：呈現一個虛假的自己

我們在前述的章節提到，討好和誘惑其實是一體兩面的存在，他們的出現都必須滿足三個條件：

1. 你認為真實的自己不可能有魅力，不可能被人喜歡。
2. 於是你屈服於別人的眼光，打算滿足別人的喜好。
3. 你決定用做出討好或是誘惑的行為，以達成你的目的。

這也正好說明了，為何很多人脫離討好者以後，就會走向誘惑者之路，因為他們內在的思維從未改變，只是調整了行為而已，他們天真的以為，討好要對別人卑躬屈膝，但誘惑卻能耀武揚威，那選擇誘惑似乎心情更愉悅，成功率也更高，而且從表面上看來，一個善於誘惑的人，能把互動的主控權掌握在手裡。

可是實際上，誘惑為何會存在呢？不正是因為害怕「不被喜歡」，所以才要大費周章的去做這些事情嗎？

再舉個商業行為的實例，討好與誘惑會是這樣發生的：

你是一間餐廳的老闆，原本就有自己的特色招牌菜，小籠包。某一天，一個很愛吃義大利麵的美食評論家上門了，你為了取悅他，硬是把招牌菜換成白醬義大利麵，然後你還告訴他說，其實我們的招牌菜是義大利麵，在這樣的狀況下，你即是在討好。

誘惑亦然，總是在誘惑的人，會開始用話術來影響評論家，試圖說服他「我們的小籠包，吃起來有義大利麵的味道」，甚至你還有可能會給他刀叉，告訴他，他可以用享用義大利麵的方式吃小籠包，這樣似是而非的言論，即是在誘惑。

而**不論你選的是討好，或是誘惑，你都是從「害怕自己不被喜歡」的動機出發的**，也代表了，你對自己的手藝根本沒有信心，在這一瞬間，這間餐廳的核心價值就被動搖了，你開餐廳的初衷也改變了，你再也不是為了讓大眾都能嘗到「美味的小籠包」，反而是為了配合某個人，強硬扭曲了部分的自我。

這不正和很多人談戀愛的模式很像嗎？

發現別人喜歡聊貓狗，明明自己對貓狗沒感覺，卻硬著頭皮說自己也很喜歡，技巧不好的人可能聊個三兩下，被對方發現根本沒料就破功了，而有點聊天技巧的人則能一路撐到交往後，可是這仍避免不了長期相處後產生的不一致。

對方終究會發現，你和你嘴上說的不同，這會讓他對你的感覺困惑，進而影響到你們的感情。

另一種常見的行為，則是AA制（結帳時平分），討好的人為了怕被對方扣分，即使內心不情願，還是會主動買單，顯現自己的大方，但我們不也沒少聽過，很多人在交往後就態度丕變，每一塊錢都要算得仔仔細細的嗎？

誘惑的人，內心則又更矛盾一些，他們往往會跟女生說：「這小錢，我請你就好。」可是他心裡並不是真心想請客的，請客對他來說只是一種手段，他是在假裝慷慨，再藉由慷慨來誘惑，讓對方上鉤，而等到他們確認關係了，他自覺目的達成，就會把那表面的慷慨完全收回去。

討好與誘惑的呈現方式有很多，它可以是不認同對方的價值觀卻假裝認同，偽裝出一個不屬於自己的人格特質，或透過照片呈現一個不符合真實生活的假象，但內在的匱乏是一樣的，因為欠缺一套穩定的自我價值觀，所以心思總隨著別人的喜好在變動。

展示：表達最真實的自己

你能明白以上的觀念後，我們再談展示，你就能明確知道三者的差異性了。

展示是一種看似簡單，執行起來卻有一定難度的策略，你必須有強大的心理素質「**有自信心，卻不落入自傲**」，以及「**能透過他人的反饋改進自己，卻不失去自我價值**」，所以能使用好展示的人，多半是超越者。

展示代表你不會因為他人的喜好去改變自己，所以一個懂得展示的人，不會落入取悅別人的陷阱。

以上述開餐廳的例子比喻，如果你的招牌菜是小籠包，而美食評論家卻喜歡吃義大利麵，那你將不會為了評論家端出一道自己根本沒有熱情也不擅長的料理，你還是會用自己的拿手菜來款待上賓。

而在此你也得注意，你展示的目的，並不是為了要證明「小籠包勝過義大利麵」，或是「小籠包才是世界上最美味的料理」。

證明本身就是一種控制，所以你不會去證明，你所要做的，只是專注於「獻上你最棒的小籠包」，讓對方欣賞到小籠包的美，這樣一來，即使這位評論家從未嚐過小籠包，也有機會從這美食中發現一片新天地，而當他嚐到這道菜的獨特之處以後，也自然會給出「義大利麵很好吃，小籠包很美味」的評價。

那你說，在評論家的心中，是義大利麵略勝一籌，還是小籠包贏了？

其實都是。因為在他的味蕾中，它們都各自留下了深刻的印象，小籠包的精緻與鮮美，帶給了他無與倫比的感動，而義大利麵獨有的彈性與濃醇醬汁，亦給了精采的味覺饗宴，兩者互相輝映閃耀，但也沒有誰能掩蓋誰的光芒。

而要達到這樣的結果，真實的展示就是必須的。

我知道有人會問，那會不會有一種可能是，專注展示的人只是孤芳自賞，說不定他做出來的菜根本沒人喜歡吃呢？

其實並不是的，展示是在堅持自我價值、堅守原則的情形下，也能對別人的意見給予尊重，再視乎這些意見的建設性，自己決定要不要改進。

舉例來說，若某個男生曾被朋友說過，每次出門的時候頭髮都很亂，很像剛睡醒的樣子，看起來沒精神、很不修邊幅的樣子，如果他採納了朋友的建議，開始會注重自己的儀表，那我們可以說他確實改進了。

但若今天朋友批評的是他的打扮風格：「欸，你每次都穿這種文青風，這樣看起來很不男人，怎麼可能會有女生喜歡你？你應該換穿我們這種紳士雅痞風比較有魅力。」這樣的意見就是沒有建設性的，只會把你整個人獨特的感覺破壞掉，因為任何風格都能穿得很男人，也可以中性，也可以柔性，所以應該改的不是風格本身，而是細節上的微調。

當你在展示的時候，你是百分之百發自內心的心甘情願，你當然也期待能給對方留下好印象，可是你沒有任何一絲想要控制對方的念頭。

所以一樣是請客，當你是在展示的時候，請客對你而言，不過就是你的日常，你是因為喜歡請客而請客，因此你會請心儀對象吃飯，也會請朋友吃飯，你不會因為請了這一餐，而覺得請這一餐浪費了，你不會這麼想的，因為請客本身就帶給你足夠的愉悅了，你是為自己而活。

吸引：好感累積的現象

上述三者的差異你都理解後，最後我要說明的是吸引。

吸引是一個現象，好比火焰碰到乾柴會燃燒，水加熱到沸騰會變成水蒸氣，而換成戀愛的話，指的就是，當某些條件成立了，某人就會對另一個人產生好感或是情愫。

第一次聽到吸引的人，會覺得聽起來很玄，世界上真的有這麼神奇的事嗎？

但是在現今的社會裡，吸引早已不是一個秘密了，它時時都在發生，端看你有沒有注意到而已。

如你所知，我除了是自信教練，另一個身份是銷售顧問，有十年以上的經歷，我賣過重機、待過傳產業、行銷業、奢侈品業，我的客戶裡面，各種形形色色的人都有。

在這些年頭的實戰中，我磨練出了各種能打動人心的銷售技巧，而從這之中，對我最受用，也讓我創造了最多業績的，是我非常擅長捕捉「客戶的想像」，每次在洽談時，只要我抓到客戶想像出來的畫面，那要不要讓他買下商品，端看我要不要而已。

以奢侈品業為例，當時我的客戶大概有四種人，當他們決定要購買某樣東西時，各自是被不同的動機所觸發的，比如說：

1. 斤斤計較的人：這類客戶斤斤計較，通常是做代工業／傳產業出身的，他希望買到的東西不僅是一分錢一分貨，而是一分錢三分貨，只要你能營造出「俗又大碗」的感覺，他就捨得買下去。

2. 深度體驗玩家：這種客戶買跑車前會參加試駕會，買高級名床前會先試躺半小時，除了品質以外，他也重視「服務體驗」是否舒適、高雅、有趣。

3. 暴發戶：不把錢放在眼裡，東西越貴他越要買，通常會用點菜的方式消費，消費決策速度快，但沒有品牌忠誠度。

4. 需要社會認同的人：他可能很有錢也很有能力，但因缺乏自我認同，所以要靠外在的東西彰顯身份地位、階級頭銜等等，屬於對讚美毫無抵抗力的類型。

其他的還有比較小眾的客群，但真正會買東西的人，大概可以分成這四類。

看到這裡，你內心有沒有泛起一種熟悉的感覺？這四類人，換做是戀愛的話，不就是重視外在條件的人、認真談感情的人、喜歡征服的人，還有條件很好卻寂寞的人嗎？

再說得更深入點，有些客戶平時一副高高在上的姿態，但只要一聽到某件商品是限量的，而且還要有VIP身分才能購買，馬上就燃起熊熊的購物慾了。這不正像是，有些人談戀愛是因為害怕寂寞，只要一感到對方若即若離，他馬上就把底牌攤出來了。

愛面子的客戶，會因為虛榮心的驅動而簽下訂單，他們買東西的目的往往不是真的需要，而是因為我的好姐妹都有買，那我就要買比他們更好的才行。這不也像是，執著於尋找條件好的人（一定要比自己好姐妹的伴侶更好才行，不然會被笑話），卻容易忽略個性是否契合的人嗎？

所以當你對人性的瞭解越通透，你會越明白吸引是如何發生的。

到了這個時候，你幾乎可以輕易的去創造吸引。愛面子的人，你就穿得紳士一點，吃飯要幫他買單；喜歡浪漫的人，可以安排燭光晚餐，製造驚喜是一定要的；缺乏自我認同的人，和他互動時一定要表現出「我比你更懂生活」的態度，這樣就可以引發他對你的崇拜；需要關愛的人，可以多一些關懷問候，送個小蛋糕小點心會有奇效。

然而就如同我在前述章節所提的，如果有一個人真能夠做到此地步，他要嘛就是在討好，要嘛就是在誘惑，他已經不是在展示自己了。

他已經入魔、被招式所奴役，失去自己靈魂的核心了。並且銷售和談感情終究是不同的，銷售員為了業績，很多時候需要迎合客戶，或是誘使客戶下單，但這些行為在感情中卻是大忌，會讓人迷失自我。

被心魔牽著走的人，將會迎來很多段短暫的感情，在那之中，他會品嘗到付出的快感（付出是會上癮的，上癮到後來會自我感動），也會對狩獵的快感無法自拔，但也會一次次的失去，因為自始至終，他都是活在「追逐別人喜好」的幻夢中。

有部分的人會像凱文一般，在歷經過苦痛後開始認知到，這種想要讓「所有人都喜歡你」的慾望，本身就是一個因為內在匱乏所產生的黑洞。

也許在短時間內，你可以透過「演」的方式來讓別人喜歡你，可是演戲終究是演戲，你總會下戲的，靠演出所得到的吸引，不會長久。

唯一能讓你保持輕鬆、愉悅，並贏來幸福的路只有一條，那就是**做好最真實的你，然後擴大你的生活圈，增加你的曝光度，學會如何展示自己，讓喜歡你的人，在茫茫人海中一眼就能把你辨識出來**。

這不代表你不能夠表現自己了，你一樣可以去製造浪漫、吃燭光晚餐、關心你喜歡的人，只要你正在做的事、表現出來的個性，本身就是你靈魂的一部份，那這樣的策略就沒有問題，因為你是表裡如一的人，你呈現在別人眼中的，都是百分之百真實的自己。

任何一種方式都能達到吸引，但內在的品質卻大不相同

☑ 討好會吸引到想利用你的人，造就出豺狼森林（個個都想把你吃乾抹淨）。

☑ 誘惑會吸引到只喜歡你演技的人，創造出迷霧森林（你自己先迷失）。

☑ 只有展示才能吸引到真正喜歡你、欣賞你的人，培育出好感森林（這些人才是認真想和你交往的）。

恐懼的人討好，怕失敗的人誘惑，只有勇者會選擇展示

如果把戀愛視為戰爭，那麼將誘惑作為武器，以此來贏得戰役也無可厚非，畢竟古人有云「兵者，詭道也」，能取勝就是好方法。

可是取勝之後呢？你的征服欲得到滿足，對方也透過相處慢慢瞭解了真正的你，那你依靠誘惑營造出來的魅力仍在嗎？還是說，確認關係就是你戀愛的終點站了？勝利後的你已失去了打仗的理由，於是你只能離開原本的城池，或是城裡的人民將推翻你，而無論是哪一種結果，我想都不是你希望的。

因此我認為，戀愛並不是戰爭，你不是為了要征服誰而投入的，戀愛真正的目的很單純，就是找到一個能和自己相知相惜的夥伴，僅此而已。

既然是夥伴關係，取勝與否就一點都不重要，真誠才是最重要的，唯有真誠才能讓你和對方建立互信，當你們在互信的基礎上深度交流，也才能確定彼此是不是對方想要的伴侶。

所以至此你應該明白，為什麼**屈服於恐懼的人會選擇討好，害怕失敗的人會選擇誘

惑，只有勇者才會選擇展示，因為展示就意味著，你得承擔被拒絕的勇氣。

有些時候，你就是會遇到某個人，他知道你條件好、情商高，也認同你很有魅力，但很遺憾他就是不被你吸引，有人會說這是相性不合，也有人說是頻率不對，而不論真相是什麼，你需要瞭解的就是，這是一個再自然不過的現象。

你不必為此感到自責，覺得自己是不是哪裡不夠好，對方才不受你吸引，因為人與人之間，本來就不可能百分之百來電的，你要做的就是去培育你的好感森林，自然會有適合的對象出現。

最後，你還有一點得留意，展示是以真誠為基礎，但真誠不代表你可以毫無章法的去暴露自己，那叫做魯莽，跟真誠的原意相去甚遠。

所謂的真誠，是你在具備高度同理心之下，用對方能接受的方式，表達你的個性、價值觀、所擁有的一切，也因此，你為了讓對方充分明白真實的你，你還是需要去學習人際溝通的技巧，才不會落入孤芳自賞，有很多優點但別人總看不到的窘境，這也是技巧之所以存在的目的。

以真誠為本，以同理為心，以技巧為引，這就是展示的意義。

釋放意圖

1 L 520 Where	3 O 0487 is
1 V 990 my	4 E 258 love?

CHAPTER

6

意圖是男女交往時，內行人說不清，外行人看不破，看似很抽象，卻又確實存在的東西，它可以是一個善意的眼神，一句真誠的讚美，一場浪漫的約會，或是互有好感的倆人，在並肩行走時，那情不自禁越靠越近的距離。

本章我將用自己的親身故事為你說明，為什麼你需要學會釋放意圖，它可以如何幫助你悄悄拉近關係，升溫情感。

同時你也會學到，言語和肢體的意圖有何不同、有何禁忌，以及為何我不建議你去使用欲擒故縱的原因。

01 過量的關心是一種壓力

某次有學員問我，為何每次他和喜歡的人聊天，總是聊沒兩三句就被句點，聊個兩三次就被對方冷處理，為了幫他解決困惑，我請他把聊天紀錄整理給我，看看是否能從中抓到問題。

看了他的聊天紀錄後我赫然發現，他釋出關心的方式大有問題，於是我問他：「你有發現，每次你打算開啟對話時，開頭都會說什麼嗎？」

他說：「我通常會先問候對方的近況，表示我關心他。」

我：「這是你的出發點沒錯，但我指的是，你表達關心的方式有問題，**普通交情的**

人，是無法接受你這樣熱情問候的，那會讓他們感覺到你的急切，而且很有壓力。」

他大驚說：「真的嗎？是哪一句話會讓他們覺得？」

我說：「很多句，而其中最明顯的幾句是你吃飽了沒、在幹嘛啊、最近天氣變冷了要多穿一點喔，這些話一出口，對方如果和你沒有曖昧以上的情感，鐵定會用光速離開你的。」

聽完我的說明後，他仍不解，於是繼續問：「可是我看電視上的男女主角，他們和對方說這些感情也加溫了，就算不提電視好了，我身邊也有一些情侶朋友們，平常也會這樣問候對方啊？」

我說：「這麼說吧，人與人之間要建立關係，有一個循序漸進的過程，我們會**依據和對方的交情深淺，來決定表達怎樣程度的關心是適合的**，以你的對話為例，『最近天氣變冷了要多穿一點』，這句話在雙方互相喜歡時，說出來很暖心，可以加溫感情。但如果在剛認識的階段就這麼說話，那對方只會覺得，你想幹嘛，我跟你又沒有這麼熟，為何要對我釋放出這麼親暱的關心。也因此對方在此時就會判定，你大概是想追他，這時如果你們認識的程度又不深，那他將會推論『這個人明明就不了解我卻又想追我，哼，又是一個膚淺的人』，那麼他會冷處理你，也只是剛剛好而已。」

他說：「你這樣說我就懂了，那我還有另一個問題，如果照你說的，太親暱的關心會讓對方反感，那我想釋出善意，我應該怎麼做？」

我說：「很簡單，你只要從上次他有和你聊到的話題切入就可以了，比如上次他不是有和你提到他想養狗嗎？那下次你在路上看到浪浪市集，你就可以拍一張可愛小狗的照片發給他，你們就可以順著這個話題聊下去。」

他說：「嗯？那這樣和釋出善意有什麼關係呢？」

我說：「**你在乎他在乎的事物，你關心他的關心，這不就是一種能溫柔的釋出善意的方式嗎？**當你用這種方式關心對方，對方會給你的反應，一定會比你問候他吃飽穿暖好多了，而且你可以換個角度想想，如果一個女生和你完全不熟，每天就只是一直問你吃飽了沒，開的話題也總是很乏味，那你的感覺如何呢？吃飽穿暖只是很機械式的關心，沒有溫度，但因為你的關心有經過思考、觀察，所以它將會是獨特的，也能讓對方接收到你的好意。」

意圖是一種表達情感的方式

現在若你已明白，為何不適當的關心容易引起別人反感，甚至造成壓力，接下來就讓我正式為你說明何謂「釋放意圖」吧。

所謂的**意圖，指的是人與人之間用來溝通表達情感的一種形式**，而素昧平生的男女，就是在意圖的來來回回之間建立感情的。

以上一段對話為例，關心就是一種意圖的展現，而它又可以再細分成微量的關心、中份量的關心、高份量的關心，每一種關心的存在並沒有好壞之分，但有其最適合使用的情境。

如果有人和你說「我看天氣預報說，明天會下雨，出門記得帶傘喔」，這樣的關心就是高份量的，通常只會出現在你們的關係已是家人、情侶、好朋友，但如果一個剛認識聊沒多久的朋友，忽然對你這麼說，你八成會覺得怪怪的，此時這份關心的意圖就是過量了。

當然意圖的顯現，也不僅存在於男女之間，你可以在生活中的各種場景，都看到意圖在運作。

以銷售為例，我常聽到很多銷售員在一開始就問客戶：「你的預算有多少？」這句話只要一出口，幾乎就確定這筆訂單不會成交了，因為這是一個高意圖的提問，必須在客戶已經信任你的狀況下才能提，如果太快把這句話說出口，只會讓客戶覺得你很勢利，是不是只想著要賺他的錢而已。

同理，男女之間你也不會少聽到，很多人喜歡在剛認識的時候就問：「你有男（女）朋友嗎？」這句話所帶來的反感程度，可是完全不亞於前面的「問候吃飽穿暖」，那為何會如此呢？因為這句話隱含的意圖是「如果你單身，那我就要追你」，那你就會再一次讓對方感覺到「我們明明才剛認識你就要追我？你一定是看上我的條件或外表吧，真是個膚淺的人」，接著你大概就永遠出局了。

各種意圖於關係中的使用

既然意圖是一種表達情感的方式，它的呈現就是千變萬化的，言語只是其一但不是唯一的管道，其他的還有人際距離、眼神的對視、邀約等等，要達到精準的判讀以及釋放，你就得認真從與人互動之中去感知它的流動。

以判斷好感來說，很多人常會問我，我要如何知道對方對我有好感，有沒有什麼快速的判斷方式呢？

我給他們的建議是，在你們約會用餐完畢，準備要到櫃台結帳時，看對方和你保持多少距離，就能明白他把你放在什麼位置了。

當你們從座位上起身，如果他是一前一後的跟著你，始終和你保持安全社交距離，那你們的交情大概只比普通朋友好上一點，你們之間大概沒有火花，聊天也沒有共鳴。

相反的，如果他對你有好感，那麼他和你的距離會在一個手臂之內，甚至當你拿出錢包要買單時，他也會與你站在同側面向櫃台，肩幾乎靠著肩，而當你們逛街走在一起，手臂外側不小心因為靠得太近輕碰到彼此，他也不會特意後退或是閃避。

人際距離是如此，眼神則又更有趣一些了，你可以回想一下，當你看到一件喜歡的衣服、一隻可愛的小狗、一個令你心動的對象時，你的眼神是如何閃閃發亮，甚至從眼角溢出笑意呢？

那就是一種意圖了！善於判讀意圖的高手，就是由此來知道他是該進還是該退的，以我的經驗和觀察，一個人若是喜歡你，那麼他在聊天時將不只是看著你，而是凝視你，他的瞳孔會是放大的，視線在你身上停留的時間，也會比平常多上百分之二十到三十，而在你回望他的時候，如果他比較內向一點，那麼他會面頰發紅，害羞一點的還會刻意把眼神別開，但等到你沒有注視他時，他又會用充滿光采的眼神看著你。

經過上面的說明，如果你對意圖的真面目仍感朦朧，以下再讓我以一個完整的邀約過程為例，為你解析意圖是如何流動的。

邀約是一種強烈意圖，當你在沒有特殊理由的情況下就提出去高級餐廳約會，對方竟然也爽快答應了，你可以視為「你釋放出高意圖，他接受了」。

而你們倆到了餐廳，服務生詢問你們要坐在明亮處，還是隱密的包廂，你選了包廂他也欣然同意，那代表「你再次釋放高意圖，他再次接受」。

用餐後你說，想到附近的公園散步走走，他大方說好，你可以視為「你持續釋放高意圖，他持續接受」。

臨別前他對你說：「真希望每天都能和你一起吃飯。」

那就代表，他回應了你的「高意圖」，並暗示你提出邀請。

你若回答：「好啊，不然明天約早上九點半吃早餐？」

而他想都沒想就答應了，你更可以視為「表面上是你約他，實際上是他製造了機會讓你提出邀請，你們的意圖有來有往，關係正迅速加溫」。

反之，若一開始你在邀約時，他就回你：「我最近比較忙，有事情的話你留訊息給我吧，我有空再回你。」

並且，他也沒提出何時才有空和你吃飯，那麼你可以視此為「你釋放了高意圖，但他不予回應」，那他對你大概是沒有興趣的。

種種的這些意圖，當你釋放的時候，它就代表了一種邀請，表示你想和對方發展更進一步的關係，它同時也是一種測試，因為在你發出邀請的時候，藉由對方的反饋，你可以知道他是怎麼看待這段關係的，他的戀愛節奏快慢如何，對你的感覺到哪，你又應該做些什麼。

意圖也可以是微量的、少量的，以認識新朋友來說，你可以問隔壁部門的同事說：「我們下午有人過生日要一起訂飲料，你們要不要一起？」藉此你創造了一個合乎情理，而且能和你想認識的人自然交流的機會。

然而，你也能直接釋放大量、平鋪直敘的意圖，大方的開場：「你好，我是隔壁部門的家豪，因為覺得你很有氣質所以想認識你，你叫什麼名字？」

意圖的意涵有高低之分，力道也有強弱之別，但沒有所謂的對錯，微量的意圖可以順著情勢走，創造一個舒適的氛圍，但當你遇到的人太過木頭，他可能完全沒察覺到你的邀請，自然也無從回應你，於是你沒往前他也不動，你們的關係就會一直停留在朋友區。

高量的意圖，往往會讓場面尷尬，給人突兀、受到驚嚇的感受，但如果你們之間早已經有強烈的火花，那麼高意圖所散發出的「強烈邀請意涵」，反而能夠加快你們之間的戀愛節奏。

因應戀愛階段的不同，你所需要釋放的意圖就不同

☑ 想自然的創造連結，需要熟悉微意圖的使用。

☑ 雙方互有好感以後，就得進一步釋放中意圖。

☑ 當彼此已陷入曖昧，高意圖的釋放就是必須的。

02 意圖、節奏與戀愛模型的交互作用

一般來說，戀愛新手只會使用高意圖，但對於微意圖的釋放一竅不通，而在男女之間，普遍來說男生的領悟力又比女生差得多，女生大多可以很敏銳的察覺到誰對自己有好感，但男生就是塊毫無知覺的木頭。

年輕時，我曾經也是個木頭，而且還不是普通等級，是千年神木那種，我看不到意圖的存在，所以根本不知道別人有做球給我，也不知道怎麼做球，只會呆呆的直球對決。

那時候我最感棘手的狀況就是被女生問到：「欸，你是不是喜歡我？」

每次被問到這題，我一方面擔心，要是我直說，這段關係可能就毀了，另一方面又

煩惱，要是我不說，可能一輩子就只能當她的好朋友了，與其如此，不如就大膽直說「我喜歡妳很久了」。

那我的下場為何呢？不用我說，你們應該都猜到了，我收到了好人卡，可是回到問題的本身，難道這代表「表白」這件事是不對的嗎？因為表白的意圖過高，所以失敗率也高？其實不然，你不也看過很多人在表白後，對方回應了心意，倆人順利在一起的嗎？

我認為**真正會破壞關係的，是你在錯誤的時機下，釋放了相性不合的的意圖**，所以才會鑄成「被打入朋友區」的結果。

舉例來說，如果當時她的確對我也有好感，而我的戀愛模型也足夠寬廣，我是不是能夠回答：「我對妳有好感，但喜歡嘛……我覺得我喜不喜歡一個人，要認真相處過才知道。」

這麼回答的話，我的節奏就符合了她的節奏，她內心也必定會鬆一口氣：「這次總算遇到一個比較成熟的人了，我還以為他又像其他男生一樣，認識沒幾天就說喜歡我，這樣壓力超大的，幸好他沒這麼說。」

也因此，我認為一個人要能精確的掌握意圖的使用，除了能清楚分辨意圖的份量之外，擴展自己的戀愛模型，拓寬戀愛節奏的彈性也是必須的。

為了讓你更清楚節奏、模型對於意圖的影響，接下來是一個簡單的說明，讓你理解兩者有何不同。

戀愛節奏的影響

小明是個快節奏的人，他認為要確認關係，只需要有5分的好感，加3分的欣賞，加5分的友好就夠，他會在這些能量累積足夠時就提出「確認關係的邀請」。

小明的節奏是：5分好感＋3分欣賞＋5分友好＝可交往

然而小美是個慢節奏的人，她認為要正式交往，需要有7分的好感，加7分欣賞，加8分友好才足夠，也因此，如果她遇到一個快節奏的人，就算她心裡真的喜歡對方，但也會因為節奏不同而猶豫，無法回應對方的邀請。

小美的節奏是：7分好感＋7分欣賞＋8分友好＝可交往

如果最後小明不願放慢節奏，小美也不願加快節奏，當兩人無法達成共識，他們可能就會在一個「明明互有好感，但因節奏差異過大」的狀況下，使這段戀情遺憾的錯過。

節奏的影響，也不僅只作用於確認關係，在肢體觸碰的接受度、人際的界線的判別上，節奏一樣有相當的重要性，比如小明認為，兩人互有5分的好感就可以擁抱了，但小美覺得不行，因此一旦小明在釋放意圖時超過小美的界線，就會引起反感，破壞原本舒適的氣氛。

戀愛模型的影響

瞭解節奏的影響後，接著談談模型，如果節奏代表的是關係的深度，那麼模型則代表了關係的廣度。

我們再以小明為例，小明認為一對男女要確認關係，只要有「好感」和「友好」就夠了，其餘的元素，可以在確認以後再培養。

然而小美卻不這麼想，雖然小美對小明也有「好感」，她也很想再前進一步，但她從和小明的相處中，感覺不到小明對她的「欣賞」，可是偏偏這又是她非常看重的特質，她不在這一點上妥協。

小明的模型是：好感＋友好＝可交往。

小美的模型是：好感＋友好＋欣賞＝才可交往，缺一不可。

換言之，你可以看到他們對「確認關係的時間點」意見是不一致的，當狀況如此，他們的戀情勢必會卡住，直到雙方願意為對方增添一些彈性，關係才會繼續發展下去。

我的真實故事

比較悲觀的朋友看到這裡，可能已經有「談戀愛好難，要學的東西好多」的想法了吧，如果你也是這麼想的，請千萬不要氣餒，正因為難，所以你才需要有經驗的人帶你學習，這不也是你翻開這本書的理由嗎？

而且我以為，其實戀愛也並沒這麼難，**如果心態是豐盛的，方法是正確的，只要認真練習和自省，那麼從愛情苦手成長為能自在戀愛的人，也不過就是兩三年內的事而已，**從我輔導過的個案中，也一再驗證這是絕對可行的。

況且我還沒告訴你的是，即使節奏和模型不一致，也還是有交往的可能！如果你給他的感覺是舒適的，印象是良好的，那麼即使你們的步調稍有落差，他仍然會願意為你調整節奏，這也是我看過很多美好愛情的真實樣貌，我和我的伴侶，就是如此相遇的。

N是我的另一半，初識時我們都沒把對方設定為自己的誰，就只是像朋友一般自然閒聊。就這樣過了幾天，某次聊天時她和我說：「我最近參加了聚餐平台的電影團，因為大家都是被揪團的，互相不認識也沒聊過幾句，這樣第一次見面應該會有點尷尬，你可以陪我一起去嗎？如果你願意的話，我請你看電影。」

收到這樣自然、理由充分的邀請，又可以增加互動的機會，我當然沒有拒絕的理由對吧？於是當下我爽快答應了，隔幾天赴約前去，度過了一個愉快的下午，她給我留下了很好的印象，回家後我和她說：「很謝謝妳請我看電影，但我這個人喜歡有來有往，下次換我請妳，不過妳要記得跟我說，我記性不好可能會忘記喔（笑）。」

看完以上這段話，我不知道你是否嗅出一絲「釋放意圖」的氣息。首先，N釋放了一個有合理名目的邀請，順利創造了我和她的約會，又不讓自己顯得太急於見面。

而我鋪陳的「換我請妳，記得跟我說」這段話也是一個微量意圖，同時是一個被動的隱性邀請，為我和她日後的關係埋下了支線劇情，等著她來主動觸發。

我知道有人會問：「如果你對她也有好感，那為什麼不主動邀約？而要透過這種迂迴的方式呢？」

是的，我當然可以主動邀約她，以我的個性來說，我不會為此感到害羞，心態上也不會出現縫隙，但如果她接受到我的微量邀請，因而由她主動釋放了意圖給我，那我不正好可以知道，她有意願和我更進一步瞭解彼此，我們倆不就也各自向對方更靠近一點，關係更加緊密了？

再者，由我直接主動約下次吃飯，固然也可以促成這段關係，但這樣的意圖份量就是高的，若對方較為敏感，反而會啟動她的警戒心，讓她去想「我是不是又遇到了一個容易暈船的膚淺男生」。

也因為如此，**與其讓我的「直率」被她解讀成「躁進」，我不如發出一個「反主為客的隱性邀請」**，這個邀請等同是一道漂亮的台階，如果她對我沒感覺，那麼她會直接忽略，雙方都不會落入尷尬的窘境，然而若她對我有好印象，那麼她是不是就能以「我答應要請她」的理由，提出讓我赴約的要求了呢？

在我埋下了隱性邀請後，我們仍然維持著高頻率的聊天模式，而幾天後她說：「欸，我記得你說要請我對吧？我這裡剛好有一張星巴克買一送一卷快到期了，你就請我喝咖啡當作回禮吧，如何～。」

一聽到她這麼說，我知道有戲了，果不其然再經歷幾次約會後，我們就確認了關係，自然在一起。

寫上面這段故事時，N正好在我身旁，我順口問她：「如果當初我沒說要回請妳，妳覺得我們當初的關係會有什麼變化？」

她說：「如果你不那樣說，我就得要想一個理由約你，可是那樣就顯得我太主動了，這可能會讓我考慮很久，或是乾脆不約了，等你主動。」

我續道：「那如果我主動約妳，沒有任何理由的話，是不是也會讓妳覺得怪怪的？」

她說：「可能會喔，因為那陣子我實在遇到太多男生瘋狂要約我，如果你表現得非常積極，可能也會被我歸類成那種男生。」

聽到這裡我笑道：「那不就還好，我是一個非常會做球和傳球的男生嗎？」

她笑回：「那也要我很會接球才可以啊！」

好邀約與壞邀約之間的分別

好的邀約	☑讓雙方都有台階下，就算一方沒答應，兩人也不失尷尬。
	☑有合理的理由，且符合彼此的戀愛節奏。
	☑讓對方感覺是舒適的，不會讓他有被逼迫的感受。
壞的邀約	☑太直白，對方想拒絕又怕傷害你自尊，想答應又怕你誤會。
	☑沒考慮到雙方交情，名目讓人尷尬（比如剛認識就約吃燭光晚餐）。
	☑太執著於「正式約會」，讓氣氛變得緊張。

03 意圖的表達與接收

看完我的故事以後，我想你對釋放意圖又有更深入的認識了吧，我認為，這是每個想成為超越者的人，都需要掌握的技能。

以表達意圖為例，如果你對意圖的認識始終只停留在「直球對決」而不懂得何謂「微意圖」，那麼你要和有好感的人建立關係，必定會遇到許多阻礙，因為直球對決是高意圖，適合在互相喜歡的狀況釋放，才會起到加溫感情的結果，若在平常就隨意的使用，只會給對方太多壓力，把人嚇跑。

而微意圖則不同了，當你的微意圖能配合情境釋放，並且適當的調配分量，那麼將能起到「做球的效果」，如此一來你就能用對方也感到舒適的方式，確切的表達你的善意、好奇與欣賞，對方也將會有更高的機率回應你的邀請。

表達是如此，接收意圖亦然，它是一個你需要勤加練習才能掌握的能力。有次我和一個久未碰面的朋友敘舊，他是一個直性子的男生，較不擅於聽出別人的言外之意，那次餐敘中他告訴我，最近和一個女生聊得不錯，也請我看看他的聊天紀錄。

我翻開他們的對話沒多久就發現了一件事——他喜歡的對象發出了微意圖邀請，但他完全沒有察覺到。

我看了一下他們對話的時間，剛好是昨天晚上，我便和他說：「你跟女生說你來台北出差，她回覆你這兩天她剛好也在，她還問你住哪，你沒有看出這是一個邀請嗎？」

他說：「真的假的，我以為她只是隨口問問而已。」

我說：「不是的，結合你們前面互動的熱絡度來看，這是一個微意圖，她提出了隱性邀請，現在就等你開口了。」

朋友聽了我的建議後，隨即就提出了邀約，結果不到一刻鐘的時間，女生就答應了，當天晚上倆人就順利約出去，開展了一段他意料之外的戀情。

釋放意圖的準則

我認為**世界上沒有絕對錯誤的意圖，只有不適合出現在情境的意圖**。

以N為例，她釋放的每個意圖都師出有名，有很好的名目來提出邀請，但如果她面對的是木頭男，對方可能會完全接收不到她的訊息，可是從另一個角度來看，這可以避免別人對她產生「一見鍾情的錯覺」，讓她篩選掉很多魯莽、容易暈船、稍有好感就全力追求的男性。

以我為例，我的意圖總是很微量的，遲鈍的人可能會不知道我把球扔了過去，可是對於內心纖細的女生而言，我的方法是很溫柔的，給了她們拒絕的台階，同時也為她們創造了赴約的理由，不論她們答應與否，都不會讓關係變得尷尬。

所以意圖的份量、時機，是必須要配合情境，和你們目前的熱度去調整的，並不存在一個絕對正確的答案。

當然，我知道求知若渴的你，還是希望能有一些守則能遵循的，以下是我個人的準則，提供給你參考：

・總是從微量的意圖開始・

所謂最微量的意圖，指的就是「喚醒存在」，用一個委婉、合乎情理的方式告訴對方「嘿，我在這，這裡有某個人想進入你的世界」。

如果對方是你每天會碰到的人，那可以是一個點頭、一個微笑，或是一句簡單的問候，這樣就夠了。

・若對方沒回應你，先緩一下・

你扔出意圖，但對方沒有回應，這是非常常見的事，你不需要逐一去探究理由，因為可能性有太多了，可能是他今天心情不好，可能是他正好在想事情，也有可能是他看到了，但真的不想回應。

不論是其中哪種，細心體察對方的狀態，都是你必須得留意的，因此得不到回應也無所謂，就先緩一緩吧，讓子彈飛一會兒，讓他喘口氣，也讓我們再多觀察一下情勢。

・若對方有回應，你可以加碼・

你點頭，他也回點頭，下次你微笑，他也回你微笑，下下次你打招呼，他也回你招呼，那你就可以順應情勢逐步把意圖加碼。

千萬別覺得這種做法很慢，我看過很多男女第一次約會時，都還隔著一隻手臂的距離，但幾天後，倆人卻親密到互相為對方morning call，一段感情從陌生到確認關係的節奏可以是飛快的，星星之火足以燎原，任何的戀情都是由微意圖開始擦出火花的，關鍵是，你是否懂得在何時添加柴火而已。

・碰到木頭男（女），你的份量要重一點・

一樣是喝奶茶，有人覺得微糖就足夠，有人覺得半糖才順口，也一定有人認為全糖才夠甘醇，意圖也是如此，因為每個人的感知力有強弱之別，所以你得因應對方的敏銳度去調整釋放的份量。

也因此當你碰到的人是一塊木頭，在丟球時你就得更加用力一點，確保對方接收到「這個人對我很好奇」的訊息，才不會讓關係卡在朋友區。

但若你碰到的對象是有過情傷，那麼他將會用放大鏡檢視你的意圖，面對這類人，你就得讓意圖的份量盡可能的輕盈。

以下是我根據實際經驗整理出來，可視為意圖的行為，由於意圖的變化是很有彈性的，同一種行為在A情境可能是微意圖，在B情境卻是高意圖，因此以下僅舉例，不做分數上的說明，另外本書囿於篇幅限制，無法將所有意圖一一舉例（會超過上千條），你可以用此表為基礎去延伸，但不必侷限於此表的內容。

可視為意圖的行為
你在過馬路時讓她走內側。
約會完你提出這餐你買單，在她提出要ＡＡ時跟她說，下次她回請就好。
你提出邀約並且沒有理由（你下禮拜三有沒有空？）。
你提出邀約有基本的理由（明天我下班剛好會在你公司附近，要一起吃飯嗎？）。
你提出邀約並有強烈的理由（我的星巴克買一送一卷快過期了，後天一起喝咖啡？）。
你問她上一段感情為何分手。
你告訴她你很欣賞她。
你說她人很好，一定可以找到很優質的男友。
你說任何人和她相處久了都會喜歡上她。
你稱讚她是很溫暖的人，每次聽到她聲音都會很開心。
請持續擴增此表，加入你表達／接受到的意圖

帶著豐盛的心去使用

關於釋放意圖，還有太多太多的細節可以說明，要成為一個好的釋放者，你得善於閱讀空氣，你得善於感知對方的情緒，你也得具備實務上的社交經驗為底，它是一門沒有門檻，但想要精通，就得花時間好好學習的學問。

但有件非常重要的事情，是我一定要在此提醒你的——**不要把釋放意圖當成升溫、推進關係的手段**。

我知道聽我這麼一說，你會非常困惑：「我學習的目的，就是為了加速自己和喜歡的人在一起啊？為何不能想方設法推進關係？」請回想一下我在〈超越者〉章節所告訴你的，聰明如你，應該立刻就能明白原因了。

推進，意味著你想加速，那是你單方面的前進，顯現出了你的躁動，給人的感覺將是粗魯的、急躁的、想謀求什麼的，你已經掉入了誘惑者的思維。

所以一旦你在釋放意圖時，是用推進的心念去發動，善於感知的人，一定會察覺，那是騙不了人的，從你的微表情、反應、用詞，都會洩漏你的心思。

換句話說，這大大違逆了釋放意圖的原意——邀請，邀請應該是平和的、優雅的、舒適的，給雙方留有台階，就算他拒絕了，你們都不失面子。

釋放意圖的出發點，只是因為你想告訴對方：

「嘿，我覺得你是個有趣的人，想更認識你一點，如果你也有相同的想法，那我們一起喝杯咖啡如何？」

你心中並沒有任何想「追求」或是「誘惑」等任何企圖控制對方的念頭，你的初衷是提出邀請，所以也只需要做到邀請就夠了，對方要不要答應是他的自主決定，我們只需要給予尊重就可以。

同樣的道理，釋放意圖也不等於坊間常說的戀愛技巧——冷熱法。每次我在研習會上說明時，總會有學員好奇：「P大你所說的釋放意圖，似乎和冷熱法有異曲同工之妙？它們是一樣的東西嗎？」

所謂冷熱法，是時下流行的戀愛技巧，意指透過交錯釋放「高意圖（熱）」和「微意圖（冷）」，讓對方捉摸不到你的心思，使他產生情緒起伏，進而意亂情迷，日思念想的都是你的身影。

可是就如同我一再強調的，一個腦袋滿是控制慾的人，存的是什麼心呢？不正是因為他對自己不夠有自信，同時也無法接受別人拒絕他的可能性，所以才那麼用力的去控制嗎？

至此你應該明白，冷熱法和釋放意圖的根本區別了。**冷熱法的目的，是設下使對方失控的「陷阱」，釋放意圖的初衷，則是發出尊重對方意願的「邀請」**。

冷熱法的本質是為了控制，控制又是由匱乏的心態而生，所以當冷熱法的效果不如預期，情況失控，他人不為你所控，使用冷熱法的人，心態必將出現縫隙。

可是釋放意圖就不同了，釋放意圖是為了邀請而生的，邀請者本身就不怕被拒絕，裡面蘊含著豐盛的心，我們固然也嚮往美好的戀情沒錯，但我們更希望對方也具備了前進的意願，而不是只有自己單方面的不斷施加影響，所以我們透過邀請，表示心意，確認對方也接收到了，就能把單方面的一廂情願，化為雙方面的攜手前進，這才是釋放意圖的真義，也是成為超越者必修的課題。

釋放意圖的真義

- ☑ 你只負責提出邀請，但不需要說服對方答應。
- ☑ 如此當他答應了，才代表他是真的也想認識你。
- ☑ 這次你主動，下次就要換對方主動，有來有往的關係才是健康的。

04 肢體觸碰可以推進關係嗎？

在前文談到，意圖是一種表達情感的方式，它可以是一句關心，一次邀約，一句溫暖的問候，甚至是一個微笑，和一個炙熱的眼神，而在其中有一種我尚未告訴你的意圖，那就是肢體觸碰。

近幾年來，我看到很多戀愛教學，都將觸碰視為推進關係的靈丹妙藥，他們認為想要快速加溫感情，就必須要盡可能增加肢體觸碰。然而觸碰真的有這麼神奇嗎？會不會很多看似成功的觸碰，根本就是倆人已互相喜歡，所以自然而然地有了牽手、擁抱，接吻這些親密的舉止呢？讓我們繼續從凱文的故事聊下去吧。

輕觸碰可以提升順從率

在為凱文建立超越者思維時，我請他繼續陳述，過去他還學習了哪些技巧，以及他是用什麼心態在使用這些東西的。

凱文說：「我當初很熱衷於肢體觸碰，是因為看了一個心理學家的實驗，他當時做了測試，在陌生的狀況下，如果你輕輕碰一下別人的手臂，被碰的人會更願意為你撿起掉落的物品，相比起不觸碰的組別，幫助的機率提升了百分之三十。」

我說：「我知道這個實驗，所以你看完實驗結果就開始實際測試了？」

凱文說：「哈哈，我還沒有那麼厲害，當時我看完實驗後還是不明白怎麼做。所以我開始觀察我的同事，從他們身上學習。」

我說：「聽起來很有趣，能說得更詳細一點嗎？」

凱文說：「我那時有個同事叫小傑，在公司的人緣很好，異性朋友多，說話也很風趣，當時我很羨慕他，所以常會偷偷觀察他的一舉一動。」

我說：「那你觀察到了些什麼呢？」

凱文說：「有次我們大家約好下班去唱歌，唱到一半小傑問我要不要一起去外面買個飲料順便透透氣，當時有位同行的女生，是另一位女同事的朋友，見我們要出去也一起跟來了。我們去便利商店買完飲料後，回程忽然有一隻圓滾滾的柯基迎面而來，小傑是第一個看到牠的，他輕輕點了我和女生的手肘並說，欸你看那隻狗，天啊也太可愛了吧！後來小傑又蹲下來摸摸那隻狗的頭，牠也很熱情的回應，直到牠的主人過來將牠帶走，我們才慢慢的走回KTV。」

我說：「這是一個很自然的觸碰。」

凱文說：「對啊，我當時也這麼覺得，所以就默默把他碰的方式記下來了，後來當我們要開門進包廂，小傑忽然停下腳步，手同時碰了我和那位女生的肩膀問說，我想要去自助吧拿點東西，你們要吃什麼嗎？順便幫你們拿？那個女生說她也想吃東西，就和小傑一起去了。結果小傑和她裝了食物回包廂後，就很自然的坐在一塊閒聊，當天他們就交換了聯絡方式，沒幾天後他們就相約一起喝咖啡成為朋友了。後來又有幾次聚會，我繼續仔細觀察小傑的舉止，順便也問他，你說話常會有碰人的習慣，你是有意為之，還是不小心就那麼做了？小傑回我說，你不說我還真的沒發現，我當下也沒想什麼啊，剛好要叫人，自然就這麼做了。」

我聽凱文說到這裡，再結合我對他的認識，我已經可以猜到，接下來他會如何錯誤解讀小傑的動機了，我沒有馬上點破他，而是繼續問：「那你看到小傑做了這些動作以後，你是如何去模仿和複製他的行為呢？」

凱文說：「我把他觸碰的時機點記了下來，然後開始進行實驗，比如說年紀比我大的客戶，或是剛認識的朋友，我都會有意識的去觸碰他們。」

我說：「那結果如何呢？客戶有沒有因此對你更信任，其他人有因此和你交情更好了嗎？」

凱文說：「有些時候是有的，我曾經使用在一個客戶身上，那次我們聊得很開心，他還反過來碰我，但也有失敗的時候，有次我刻意去碰一個剛認識的女生，我僅僅是碰她的肩膀外側而已，但她似乎對此很反感，往後退了一下，觸碰有時候靈，有時候不靈。」

我說：「你有沒有想過一件事，你的觸碰會時靈時不靈，是因為你倒果為因了？」

凱文問：「你的意思是？」

我說：「那位客戶本來就對你有好感，所以你的觸碰顯得很合理，但你和那位女生都還不熟悉，你的觸碰就顯得很突兀，甚至讓她覺得不舒服。」
凱文說：「可是照你這麼說，那心理學家的實驗不就沒有參考性了嗎？」
我說：「這麼說吧，你試想，如果路上有個陌生人，他不發一語就忽然走過來拉你的手，你會有什麼感覺？」
凱文說：「我會覺得很奇怪，而且會甩開他的手，他幹嘛忽然靠近我，是不是要騷擾我。」
我說：「那我們再換個情境，假設你走在路上，有個人抱著一個大紙箱迎面而來，當你們要擦肩而過時，忽然他的紙箱打翻了，裡面的文件散落一地，他輕輕碰了你，詢問你是否可以幫他撿起來，你感覺如何呢？」
凱文說：「我會幫忙他，而且這樣我會感覺自然多了……，我明白了，你意思是，觸碰要做得自然，需要具備一個合理的情境？」
我說：「你答對了一半，但不完全是如此，情境是自然發生，而不是你去創造出來的，是先有情境才有觸碰，而不是先有觸碰的想法，才去刻意製造情境。舉例來說，朋友之間要互相道別，他們會輕輕碰對方的肩膀對吧？而以小傑為例，他是看到新鮮有趣的事物，所以才碰了你們的手肘，多人聚餐時，你因為需要別人幫你拿餐巾紙，所以你會輕碰旁人的手臂，你在餐廳吃飯，如果掛在椅背上的外套不小心掉到地上，有發現的服務生也會輕拍你的肩膀提醒你，並且幫你把外套掛回原位，那對於這樣的觸碰，你會因反感而特別迴避嗎？」

凱文說：「不會啊，這都是很自然會發生的。」

我說：「再舉例來說，你有看過電視上的街頭魔術表演吧？魔術師會隨機採訪路人，並且因應表演需求，有時候他常會握著路人觀眾的手，路人和魔術師雖然互不相識，但你也很少見到有路人在錄影過程中抗拒，對吧？」

凱文：「嗯嗯，大家對於這樣的觸碰好像都可以接受。」

我說：「所以這說明了一件事情，我們對於接收觸碰，是有一套心理機制在運作的，某些觸碰會讓人感到抗拒的真正原因，是因為對方察覺到你想藉由觸碰做些什麼，因此他才會感到不舒服、抗拒，心理學家的實驗之所以會成功，也是因為意外掉落物品的人，並沒特別想藉由觸碰做些什麼，而正是在這樣『自然』、『流暢』、『合乎常理』的觸碰下，觸碰者沒有釋放出『想做些什麼』的意圖，被觸碰者的順從率就增加了。」

觸碰的真相

說到這裡，你應該明白我想告訴你的事了，觸碰是真的可以加溫關係嗎？還是說，觸碰本來就是自然出現的，只是我們都把它倒果為因了？

凱文在消化完我的解釋以後說：「現在我知道，為何我以前的觸碰時靈時不靈了，因為我腦袋裡都是想要推進關係，所以滿腦子想的都是『這次約會我要牽手』、『下次我約會我要接吻』，可是這樣的想法反而讓我在約會的當下心不在焉，也很容易做出逾矩的行為。」

我說：「是啊，你不可能永遠這麼做的，這樣不僅會讓對方反感，對你的心力也會有極大的耗損，以接吻來說，如果你還要去想『如何創造接吻』，那你可能還得特別邀請他一起參加愛情舞台劇，在排戲的時候才能合理接吻，甚至你連吃飯都要特意挑選『接吻可以多送一盤五花肉』的餐廳，那你打算一直這樣下去到何時呢？」

想利用肢體接觸來推進關係的人，終究還是會在某個時刻碰壁的，因為關係本來就無法僅靠此觸碰推進，任何一個肢體接觸會出現，背後都有氣氛的能量在暗中推動，當倆人的情感足夠濃烈了，自然就會產生那樣的結果。

如果把戀愛的進程劃分為幾個階段，你和對方的交情大概可以為陌生、初識、熟識、曖昧、交往這幾個階段，換句話說，**是氣氛和感覺的能量，把你們的關係推進到了某個階段，因而也才決定了你肢體碰觸的界線能到哪**。

你絕不是因為決定了要「牽手」而去牽手的。牽手，是你們並行時手碰在一起太多次了，於是很自然的握在一塊，是氣氛和形勢告訴你該牽手；

靠肩，也不是為了「靠肩」，那是兩人並坐時望向滿天星斗，感覺契合之下自然的觸碰；

擁抱，也不是為了「擁抱」，而是慰藉別離時的依依不捨；

接吻，亦不是為了「接吻」，是燈光美氣氛佳之下，你和他只有咫尺之遙，幾乎可以聽到對方的呼吸聲，你們情不自禁的越靠越近，最後雙唇就碰在了一起。

觸碰是自然而然的

☑ 當兩人互動是熱絡的，那並坐或併行時，本就會發生多次無意的觸碰。

☑ 這種無意是因為你們都感到非常舒適、放鬆，而不是有人刻意為之。

05
真正的關鍵是氣氛

肢體觸碰，不應該是有目的性的，它是倆人身處熱烈的氣氛下，自然會產生的結果，所以，你應該關注的是「如何維持良好的氣氛」，而不是一直想著要推進。

有些如凱文一般聰明的朋友會繼續追問：「既然專注在觸碰容易引起反感，那我們就努力營造氣氛，然後在好氣氛下觸碰就行了啊？這樣的作法豈不是更完美？」

是的，是更完美了沒錯，但我要提醒你，你內心「想靠觸碰來推進關係」的意念一旦過強，肢體動作就會出現遲滯，甚至會顯現在你臉上的微表情，對方接收到這些訊號之後，就會知道你是有意為之。

但是我也知道，僅憑這樣的說法，是無法說服那些絕頂聰明的人的，他們必定會再追問：「那如果我能把技巧錘鍊到天衣無縫呢？對方就不會有所察覺啦？」

我相信，世界上確實存在著善於營造氣氛的人，他們能靠著製造浪漫擄獲不少對象的芳心。

但就像我不斷提醒你的，就算你真的成功了，那又有什麼值得你高興，值得你感到榮耀的呢？當你對於控制的慾望如此強烈，不過就是被自己的慾望牽著走，進而墮入更深的誘惑者陷阱。

以前述的情境為例，為什麼創造一個魔術表演的情境來製造肢體接觸不行，但透過燈光美氣氛佳醞釀的情境就可以，兩者有何不同？

這麼說吧，其中最大的分別是在於「心態」，以魔術表演為例，你內心到底是真的專注在表演本身，還是只是想以表演為名，行牽手觸碰之實，以便達到推進關係的目的？你想推進關係的意念越強，你的心態會越偏向是誘惑者，增加你的得失心，而無法保持超越者的純粹性。

再說得細緻一點，情境也可分成兩種，第一種稱為「演出式情境」，比如說魔術表演或是舞台劇演出，你們純粹是了表演的本身而去肢體碰觸，這樣的碰觸在你們互有好感的前提下，有可能擦出微小的火花沒錯，但其中的能量，並不是由氣氛能量層疊而產生的，所以一旦離開那個情境，氛圍就會消散，觸碰也會變得突兀且不合理。

第二種稱為「自然式情境」，你們的關係真的是一步一步從陌生走到曖昧的，在這之間一切都是合乎情理，順應著情勢的發展，沒有誰對誰要去施加多餘的控制，於是你們自然而然的拉近了距離，這時只要一頓浪漫的燭光晚餐為輔，或是相約夜晚在清幽的河堤公園散步，這時親密的肢體接觸，不過就是氣氛高漲下會自然產生的結果。

所以你一定得搞清楚，「創造氣氛是為了推進關係」和「創造氣氛是為了深度交流」的分別，這兩件事表面上看起來一樣，但其實有本質上的差異。

前者本身就是匱乏心態下的產物，在我看過那麼多的案例裡，使用這些技巧是為了推進的人，幾乎無一例外最後都走上了誘惑者的路。

後者的初心，則是為了雙方更長遠的幸福，所以想創造一個舒適開心，又帶點情調的氛圍，而氛圍一旦成功醞釀，剩下所需要做的，就是盡情享受交流的本身，但並不去預設交流的結果。

為什麼不去預設結果呢？

因為有可能在那樣的氛圍下你們更了解彼此，但霎時間你發現，自己並沒有真的想和他走下去，而後你決定認真的和他表明，你希望你們的關係先緩一緩，而這對你們雙方都是件好事，你沒有因為一時意亂情迷和他有更進一步肢體接觸，你是尊重了自己的感覺，同時也尊重了他的心意。

當然劇本也有可能是，你們已經足夠認識彼此，彼此都有進一步交往的意願，這時候就讓氣氛的能量帶著你走吧，然後盡情享受當下的每一刻浪漫與激情。

觸碰和告白一樣，是結果，而不是手段

有陣子我常被聽眾問「如何告白才會成功」，每次被問到此題我總會回應這些人，你們是把因果關係給搞混了。

告白只是一個結果，告白會成功，是因為對方本來就想和你交往，你們之間的情感早已足夠濃烈，相處上也有默契，因此就算你沒告白，對方也會主動告白，或是暗示你他想要確認關係。情感熱烈是因，告白是果，若沒有看清此點的人，往往會走到思考的誤區，以為是自己的告白不夠盛大，對方才不答應。

肢體碰觸也是如此的，它是一個結果，而不是一個原因，所以我才沒有把它寫進釋放意圖的方式裡，千萬別把邏輯搞反了。你和他會牽手，是因為逛街時走得太近，手總是有意無意的碰在一起，於是你們的手就握在一起。你和他會把頭靠著對方的肩，也是因為你們坐得太近，聊得太久，氣氛太美太放鬆了，於是你們自然的依偎在一起。

情感的能量是因，情境的氣氛是緣，肢體觸碰是果，用這樣的心態去和喜歡的人互動，享受當下的每一刻，屬於你的結果，自然會在最好的時刻來臨。

搞清楚手段和結果的分別

- ☑ 一個人告白會成功不是因為告白很精美，而是對方本來就想接受。
- ☑ 一個人求婚會成功不是因為求婚很感人，而是對方本來就想答應。
- ☑ 兩個人會把手牽起來不是因為刻意觸碰，而是情到濃時產生的結果。

06 欲擒故縱：釋放意圖的誤用

欲擒故縱，是放不下得失心的人，在錯解釋放意圖的本質後，所產生的一種魔化行為，它看起來跟釋放意圖很像，實則是完全不同的東西。

還記得我在〈釋放意圖〉篇最後所說的嗎？釋放意圖要帶著豐盛的心，萬萬不可將其理解為一種手段，以此企圖去操控。

我之所以要反覆強調，是因為看過太多人著迷於求勝執著，因此失去了戀愛的初心，他們談愛的目的不再是為了體驗愛情的美好，而是為了勝負和佔有。

他們在曖昧時用盡心機，製造對方的情緒起伏只為讓對方無法自拔，使用欲擒故縱讓對象更渴望自己，這些人起初看似收穫了一些效果，但在我看過的諸多案例中，他們往往會因為太過在意對方反應，擒人不成，反而讓自己的得失心崩潰，把戀情給砸了，最後落到什麼都沒有的下場。

欲擒故縱的原理

常看戀愛教學文章的人，一定很常會看到「忽冷忽熱」這幾個字，在國外它被稱為「引誘貓追逐的逗貓棒」，也有人說是「若即若離」，但其中的核心原理都是一樣的，那就是：「你其實對他很有興趣，但因為不想失去主控權，所以裝作不在乎的樣子，引誘你投資更多心力／時間／興趣。」

表面上看來，這似乎是很有效的做法，一來可以吊對方胃口，二來能製造神祕感，讓自己無法被捉摸，同時我們對於有自己生活重心的人，本就會給予比較高的評價。

常見的作法有：

◆明明沒有很忙，卻假裝很難約。

◆假日明明就宅在家，卻刻意營造生活很充實的假象。

◆很想秒回訊息，但為了不讓自己掉價，選擇晚點再回覆（其實內心七上八下，早已想了千百次怎麼回他）。

種種做法的目的，都是為了使對方產生以下的錯覺：

「哇，他這麼忙，社交生活一定很豐富。」

「他朋友一定很多吧，那麼晚才回訊息。」

「他好像很認真工作，在公司一定受到重用吧。」

如果演戲技巧再好一點的人，甚至能讓對方開始有小劇場：

「既然他異性緣這麼好，那我還有機會嗎？」

「他人緣真好，我是不要再加把勁才能吸引他呢？」

「等等就主動約他好了！」

以上這些，都是欲擒故縱的作用，讓你握有主控權，讓他的情緒因你起伏上下，讓你看來像個「有生活重心」的人。

欲擒故縱所帶來的矛盾

我有個朋友漢娜，也曾是擅使欲擒故縱的人，一開始她沉迷於這類技巧，但慢慢的，她卻感覺自己越使用，內心的不適感就越強，直到她再也受不了，於是跑來向我請益。

當時我請她說明，她是怎麼去使用這些東西的，漢娜說道：「我最常使用的時機有兩個，第一是早上起床後，我會刻意克制自己不發訊給他，也不會主動向他道早安，而是等待他主動找我聊天。」

我說：「妳是因為害怕對方知道妳的心意吧？」

漢娜：「是啊，我當時想著，如果我主動出擊，那好像是我巴著對方不放，這樣他不就知道我對他動心了嗎？那是否他和我聊天就不會那麼有興趣了？為了不讓他對我失去興趣，所以我刻意限制自己不去發訊，直到他主動找我為止。」

我：「那除此之外呢？妳還會在哪些時候這麼做？」

漢娜：「第二個時機，我會選在約會結束以後，我會變得非常冷淡，並刻意降低回覆訊息的頻率，直到他開始因為我的反應慌忙了，我才會回他說，沒什麼，只是最近工作比較忙，下班還要處理公司的事，所以沒空回訊。」

我：「妳這樣是在吊他的胃口，真正關心你的人，內心一定會很焦躁的。」

漢娜：「那正是當時我希望他會有的反應，我試過這樣做幾次，通常對方感受到我的冷淡後，他們會變得更加積極，也不乏有人馬上提出邀約，想馬上見我把事情問明白，這時我就只要以逸待勞，繼續保持有點冰冷的態度，等待他們主動向我告白就行了。」

欲擒故縱的副作用

看起來，欲擒故縱好像很有效對吧？它可以把曖昧的火勢加大，順便還可以測試出對方是否夠喜歡自己。

但如果真是如此，漢娜就不會向我求助了，我問她：「既然這些技巧幫了妳這麼多忙，為何妳現在卻想拋下它們呢？妳先別說，我猜猜，是不是因為每次妳「故縱」的時候，其實心裡也沒有底？妳不知道他們會不會為妳所擒，所以妳耗費了大量的時間，等對方對妳的招式做出反應，這反而讓妳身心俱疲？」

她苦笑道：「問你果然是對的，狀況就像你講的一樣沒錯，用這些東西在談感情真的把我累壞了，我根本無法好好享受戀愛的滋味。」

我回覆：「妳會想使用它，是因為妳太想控制了，而一個執著於控制的人，必然會有得失心，妳想擒別人，結果先把自己擒了，我推測很多時候妳的失敗率應該遠高於成功率，對吧？」

她說：「確實如此沒錯，我遇到一般男生的時候，都還可以正常使用，可是每當面對我喜歡的對象，就會因為我非常在意對方的反應，結果這些招式忽然就無法奏效了。」

我說：「如果妳想脫離這個困境，那就得放下控制，而想要放下控制，妳就得從自我認同開始改變，建立「做自己也可以很有魅力」的認知，妳才不會重蹈覆轍。」

如果要再具體地描述欲擒故縱，你可以想像一下這樣的情境：

你是一個獵人，在森林裡放置了一個你精心設計的陷阱，上面蓋滿了雜草和落葉，看起來自然極了。

而你就在旁邊一直等，一直等，一直等，一天兩天三天過去，直到獵物踩空被網子拎起的瞬間，你覺得自己取得勝利了。

乍看之下，這場較量是你贏了，但你有沒有想過，扣除你付出的時間、佈置陷阱所花的心力，以及你等待獵物出現時之前的忐忑不安，你真的有「贏」了什麼嗎？

還是說，你是繞了一大圈，把一件很單純的事情複雜化了？

而會不會有另一種可能是，你只要**保持原本的戀愛節奏，並細心留意你的言行是否讓對方是舒服的，你一樣能跟喜歡的人順利交往，根本不需要欲擒故縱**呢？

回到上面的故事，我繼續問漢娜，過往她還因為欲擒故縱的心理，做出了哪些事情，我請她把所有行為做歸納整理，先幫助她從舉止上戒除匱乏。

漢娜說：「那時我總是會刻意降低自己聊天的頻率，有時我明明有空，但卻會故意裝忙，有時看到訊息明明能馬上回，卻偏要放個十五分鐘才回訊。這樣的操作模式，漸漸衍生了很嚴重的副作用，我開始有很嚴重的得失心，整天就是盯著手機等對方什麼時候會找我。」

我嘆道：「本來曖昧應該是很開心的一件事，你們互相對彼此有好感，因此分享自己的生活，交換對世界的看法，然後藉由這樣的過程一步步升溫感情，走向交往。可是在妳過份的控制下，這一切都不重要了，重要的事變成，妳的計策是否奏效、招式是否成功、對方的心是否被妳擄獲。」

接著我又聽漢娜敘述了她的幾段交往過程，有好幾次她遇到的對象都是很不錯的，對方也對她有很好的第一印象，但因為她一心想製造對方的情緒起伏，最後反倒被自己的技巧反噬，失去了自己的戀愛步調，偏移了自己的生活重心，任憑自己的心隨著對方的反應飄來盪去。

漢娜說：「我在那段日子裡，雖然偶爾有因為用計成功，助長了曖昧的火勢，但更多時候，都是我自己先受不住難熬的等待，就先自爆攤牌了。」

我說：「妳太用力想做些什麼讓對方喜歡妳，可是這根本不是妳的課題，也不是妳能掌控的，妳能掌控的，就是表現出自己真實的靈魂，如果妳是熱情的人，那秒讀秒回是正常的，如果妳是需要一點空間的人、是忙碌的人，那麼晚點回、回的句子比較短，也非常合理。妳根本不必去假裝自己有沒有生活重心，那是最笨的方法，即使可以談到戀愛，戀情也不會長久的。」

漢娜的故事，是現今男女談愛的縮影，有太多人把戀愛視為一場角力，費盡心思的想控制對方喜歡自己，也因此你在網路上不會少見到，有人教女生要保持神祕，不要表現得太好親近，為的就是要勾起男生的狩獵欲，男生們亦不落人後，他們被告知不要做太多的自我揭露，要引誘女生一步步靠近陷阱再一舉擒獲，可是到頭來，他們在這段過程中，因為把全副心思都放在控制別人，所以一點點風吹草動就會大大刺激他的敏感神經，往往還未等到別人上鉤，已被自己的得失心折磨得幾近崩潰。

欲擒故縱的後果

使用欲擒故縱的人，往往是把自己給擒了，因為你和他不可能永遠停留在曖昧，當你們熟識到一定程度，必然會想確認關係，勢必會有更深入的交流、有心與心的對話。

他開始會知道，其實你沒有那麼忙；

接著他會發現，真正的你和表象的你有落差；

最後他會看穿你的靈魂，看透你的不一致，那是演不來的。

一個有生活重心的人，和一個假裝有生活重心的人，在最細微的用字遣詞、行為舉止，每一個念頭、想法和決策上，都有巨大的差異，已非演技可以彌補。

以忽冷忽熱來舉例吧，假的忽冷忽熱，是明明很在乎，卻裝做不在乎；真的忽冷忽熱，是你真的有重要的事要做，所以暫時不能秒回、不能通話、不能赴約。

所以那些一般人看似忽冷忽熱的人，其實他們根本沒有打算這麼做，他內心是真誠坦蕩，光明通達的。

他晚上是真的要去健身房，並沒有特意吊誰的胃口；他上班的是真的要接見重要客戶，所以久久才能回一次訊息；他的人緣是真的很好，所以要約他得提前跟他講。

換句話說，他根本沒空，也沒有多餘的心思去搞什麼欲擒故縱、若即若離、忽冷忽熱，他只是很單純的過好自己的生活，對自己誠實，也對別人誠實，就這樣。

可是不諳此道的人，看到的卻是他生活的表面，以為這樣做就會有同樣效果，卻忘了彼此的心智強度不在同一個層級。

所以假造者縱然一開始能嚐到甜頭，一旦進入面對面的約會，倆人有稍微深入的自我揭露後，他呈現的微表情、眼神、語氣、肢體語言都會出賣他，讓他原形畢露。

也因為假造者是虛的，所以他一樣會有得失心，當計策失敗也會失落、會緊張，計策搞砸會挫敗、會徬徨，會想要用更多的「招式」來力挽狂瀾，但據我觀察，大多是自爆收場。

而真正內心安穩的超越者，他沒有想製造假象，亦沒有想用精心佈置的假象迷惑對方，也不想藉此得到別人的關注，他沒有想得到什麼，自然就不會失去什麼，所以得失心就不存在他的身上。

再說好玩一點的，如果超越者碰上熱衷欲擒故縱的玩家，發展就會很有趣了，你會看到假造者用盡心機想讓他吃醋、忌妒、緊張，但對超越者卻是完全無用，假造者會表明自己很忙，或是暗示有其他競爭者很積極，想讓超越者吃醋心煩，但超越者並不會因此懸著一顆心，他會尊重對方的選擇，因為他知道，對方要對他冷淡，要選擇其他人都與他無關，那是對方的課題，所以他能沉著以對。

在我看過那麼多的超越者 vs. 假造者的案例，幾乎無一例外，超越者都只專注在誠實的做自己，就使假造者所有花巧的招式不攻自破了，最後都是假造者先沉不住氣，主控權依然牢牢握在在超越者的手上。

在我輔導過的案例中，也不乏有學生通曉了超越者心態後告訴我：「以前我把戀愛當成諜對諜，誰先付出真心誰就輸了，腦袋中總在思考如何出招，那時我的心很浮躁，對方的一點小反應都會讓我的情緒起起伏伏，我追過幾個對象都沒成，但現在**我放下操控的執著後，我發現我一點也沒有變得不受歡迎，反而莫名的更有魅力**，也因此遇到了現任的伴侶，我們沒有過招就在一起了，原來戀愛可以很簡單。」

說明到這，我想你應該明白欲擒故縱的真相了，其實它本是一種自然存在的現象，不是刻意為之的人為產物。

表面上，別人告訴你，適當的使用它，可以吊胃口、保持神祕感，引誘對方因為害怕失去你，而在你身上投資更多心力。

可是實際上，如果你在互動時能維持舒適的氣氛，你不會奪命連環叩給人壓力，不會半夜發幾百字的訊息打擾對方，能專注在自己的生活，適度的給對方空間，那不就自然做到欲擒故縱所帶來的的所有效果了嗎？

戀愛是享受，而不是讓自己受盡折磨

☑ 等待獵物上鉤的過程是痛苦的。

☑ 與其如此，不如坦率的做你自己，把生活過好。

☑ 越享受過程的人，掌握的主控權就越多。

專注自己的生活，對方自然會對你有興趣

有次我和一個職場前輩聊天，前輩是個性海派的人，行事坦蕩，很有超越者的風骨，那時候我們正好也聊到欲擒故縱的話題，他說道：

「我從來都不玩這招的，喜歡就直接說，在那邊躲躲藏藏互相猜忌多累啊。」

接著他又分享了自己的故事給我，他說有次他的女友就問：「我那時候除了認識你以外，同時也有好幾個男生在追我，可是裡面就你最奇怪了，其他人回我訊息都是秒回

秒讀，只有你回訊息的時間是最不一定的，所以我就覺得你好像和其他男生不一樣，對你比較感興趣，你是不是在對我欲擒故縱？」

他說：「冤枉啊，認識妳的時候公司是大月，大家都在拚業績，我身為學長自然不可能輸給學弟，所以扣除上班時間外，能回妳的時間真的很少，所以那陣子我睡前才會回妳訊息，是因為我只剩下睡前能和妳聊天了。」

女友說：「那你當時難道都不怕我和其他男生聊天，你就沒有機會了嗎？」

他說：「我確實有想過，也許其他人趁我忙的時候，就和妳出去約會了，但即使是這樣，我也祝福妳啊，這也不是什麼壞事不是嗎？」

女友說：「那如果當時你很空閒，你就會常常和我聊天囉？」

他說：「也不一定，如果我發現妳回得比較慢，或是字數很簡短，我就不會那麼做了，一廂情願的熱情也會造成妳的困擾吧。」

在我看來，前輩就是很典型的「明明沒使用招式，女生依然覺得他很有魅力」的案例，他從來都只是做自己而已，根本沒有藉此獲取對方的注意力，反而是那些越想跟他玩追逐遊戲的女生，到頭玩得自己無法自拔、越陷越深，因而喜歡上他了。

以同理心為出發點和對方互動

我不是要告訴你，你絕對不能「明明看到訊息，卻故意不讀對方」，戀愛中並不存在所謂的絕對，沒有什麼行為是絕對會扣分或加分，而是要根據你的動機和思維而定。

如果你的出發點是為了「測試和瞭解」，你僅僅是想知道，他對你的好感指數有多高，你太久沒回訊他會不會著急，你回的字數很少，他會不會察覺到異樣、關心你的近況，那這樣的測試，我認為是可以偶爾為之的，因為你是確認對方有進一步的意願，你再前進，你是出於善意的前提而這麼做，那一點問題都沒有。

然而，若你滿腦子想的，都是要製造緊張感，讓他有情緒起伏，看他一顆心七上八下覺得自己勝券在握了，讓他覺得好像要失去你了而擔憂，我認為這樣的想法，是沒有勇氣的人所為，而不是一個真的在乎對方的人應該做的，你若真的照顧到他的感受，你的同理心不會放縱自己去戲弄對方。

超越自己想控制他人的慾望，超越自己害怕失去的恐懼，專注在自己的生活，體察對方的戀愛節奏，讓互動氣氛是舒適的，你自然會擁有無欲則剛的力量。

確認關係

1 L 520 Where
3 O 0487 is
1 V 990 my
4 E 258 love?

CHAPTER 7

關係要如何確認，是很多人在曖昧期的苦惱，有些人以為，用肢體的親密度來推斷，就能知曉關係能否確認成功，比如只有牽手可能還差了點，擁抱也還不夠，只有接吻過才能保證萬無一失，但也有另一派的人認為，肢體觸碰只是激情使然，無法代表什麼，唯有讓對方主動向你提出確認才是上上之策。

為了幫你釐清這些疑惑，本章將為你說明，什麼是戀愛的節奏，這對確認關係有何影響，如果對方明明很喜歡你卻不願意確認，背後的原因是什麼，以及最重要的，想穩妥的確認關係，你該怎麼做。

01 關係停滯不前怎麼辦？

從名份談起

名份，是確認關係後必然會產生的結果，因此想談確認關係，我們就得由名份開始聊起。

名份是很多人說不上來為何重要，但又拼了命都想擁有的東西，不論是在社群上公開戀情，或是把另一半正式介紹給家人朋友，每個人對於名份，都有或多或少的執著。

嚮往自由的人，會覺得名份是為一段關係套上了繩索，從此以後不管他走到何處、去到多遠，都會被繩索給牽絆著，但也有些人持不同看法，他們認為繩索的存在，不是為了限制彼此的自由，而是一種象徵性的羈絆，有這層羈絆存在，倆人才會是一個共同體，能夠齊心向前。也因為如此，很多關於確認關係的煩惱，就從這些微小的想法中誕生了。

我常收到的問題是：「我和他已經曖昧一段時間了，現在我想要確認關係，我該怎麼做才有比較高的機率會成功？」

很有趣的是，通常會這樣問我的人，他們絕對不是還沒行動，相反的，他們都已經做出某些試探，可是這些試探得不到回應，這讓他們不知所措，所以才會帶著煩憂來尋求建議。

比如說有男生就曾問我：「我和對方已約會三次，她主動說喜歡我，我們有接吻，她也會主動親我，我向她告白，問她要不要在一起，但她和我說不，原因是她覺得太快了，並且她沒交過男朋友，不確定自己的感覺。我上網爬文問過不少人，有人和我說，她沒這麼喜歡你，現在你得先冷淡一點不要回她，她自然會回頭。請問我現在該怎麼做？是按兵不動，還是要更熱烈的追求？」

看完他的問題後，我猜測他大概是個徹頭徹尾的直男，我也能猜想到，一個單純的直男被拒絕後，心裡面一定想著「她大概就是沒那麼喜歡我吧」，或者是「她本來喜歡我，但是我太喜歡她，所以她就不喜歡我了」。

坦白說，每每當我聽到這種判斷，我都會為當事人捏把冷汗，因為這代表了，他根本對對方的「戀愛節奏」一無所知，並且如果他是這麼看待感情的，那之後會把戀情搞砸，大概也沒有什麼意外了。

戀愛節奏

「你想要來點啤酒、紅酒、白酒、伏特加還是威士忌？」

你曾被問過這樣的問題嗎？在你選擇啤酒的當下，你是否會覺得其它酒類都不如啤酒了？你不會的，因為你知道，每一種酒都有它獨特之處，有些醇厚，有些清爽，有些甘甜，有些燻辣。而愛情也是如此，每個人因為戀愛節奏的不同，所以對於「確認關係」的想法就有了差異。

在本書中，我把戀愛階段分為：陌生⇩初識⇩熟識⇩曖昧⇩交往（確認關係），階段越往後，倆人的熱絡度越高，越可能有深入的心靈交流或是親密接觸。

對比較傳統的人而言，比如我們父母那輩的人，他們也許會認為，從陌生到初識要一個月，從初識到熟識又需要一個月，那個時代下的戀情，多數人從認識到確認關係要花上三個月，那是他們感覺舒服的節奏。

然而換做是現代人可能就會想，如果要花上那麼久的時間才能正式交往，那還談什麼戀愛啊？談戀愛的目的不正是為了互相瞭解嗎？又不是說談了就要互許終身，先確認關係再交往，有何不可呢？

至此你有發現這兩類人的差別了嗎？前者，是以結婚為前提才交往的，他們把戀愛看成是婚姻前的熱身準備，所以在步入關係前，必須先確定他是對的人；後者則認為，戀愛就只是為了戀愛本身，談感情的變數本來就很多，要確認對方和自己是否契合，唯有認真交往才會知道。

在這兩種節奏下，他們各自有自己的優劣勢，傳統型的人，重視的是避免風險，也許是當時的時空背景下，交往對象過多，會被認為是隨便、不檢點的人，所以把觀察期拉長一點，能讓他們避免遇到花心、或是不適合的人，而缺點則是，沒有打鐵趁熱把握戀情，有時候就和緣分擦肩而過了。

所以我認為，他們兩者的想法都是對的，你不需要去強加改變他們，但是**當我們想和某人進一步發展，卻發現他的節奏和自己不同，內心就要有一套對應的機制**，讓我們能在不委屈的前提下，調整自己的節奏。

不願意確認關係的四種原因

回到一開始那位男生的困惑，他搞不清楚女生到底在想什麼，為什麼她能接受親密的肢體碰觸，卻不願意確認關係呢？真的只是女生不夠喜歡他嗎？

如果你也常常有這樣的困惑，不妨參考以下四種狀況，這是我整理出來對方不想和你確認關係的常見原因。

1. 情慾有餘，理智不足

一段戀愛不可能是僅用理智來支撐的，很多時候更需要的是激情，激情代表的是，你看到某個人，雖然你還不了解他，但瞬間他散發的氣場讓你怦然心動。而所謂的理智不足，指的就是這種狀況，他知道自己在情慾上想靠近你，但因為對你的瞭解不夠多所以不敢貿然進入關係。

2. 理智有餘，情慾不足

除了情慾以外，我們在選擇伴侶時，必定會把對方的條件一併考量進來，我不會用現實來稱呼這件事，這僅僅是人性的本質，若同時有好幾個對象，在情慾上給你的感覺都差不多，人們自然會選擇條件最好的那一個。那有趣的問題來了，如果你遇到的對象條件極佳，可是你感覺不到激情，你會想確認關係嗎？

答案通常是不會的，我自己就曾遇過，各方面條件都很出色的對象，她對我釋出了好感，我的理智也告訴我她是好女孩，但和她約會時，一點心動的感覺都沒有，最後我選擇了淡出。

3. 不知道自己要什麼

如果理智過關了，情慾的能量也足夠，那還能夠阻擋戀愛的理由還有什麼？不知道自己要什麼，即是其中的一種，此狀況是理智不足的變形。

原因可能有千百種，比如他朋友覺得你和他年紀差距過多、你可能是玩咖、你不夠溫柔，抑或是他家人覺得你條件不夠好、不是公務人員、沒有上進心等等的。

這些來自旁人的意見，讓他對進入關係卻步了，但真正的原因其實是，他不知道自己要什麼，所以他沒有能力去分辨別人給他的意見是對還是錯，哪些該聽哪些不該聽。

對於這樣的人來說，最終會決定他是否要和你交往的理由，就會來自對他最有影響力的人怎麼建議他，那個人可能是父母親，也可能是朋友。

4. 戀愛節奏的影響

最後一個原因，則是我這些年看到發生率最高的，**你們彼此其實互相愛慕，但因為戀愛節奏的影響**，使你們對「確認關係的時間點」有不一樣的認知。

對外向熱情，有冒險精神的人來說，也許他的戀愛節奏是「稍有好感就能確認關係」，他認為契合度是要交往後由相處中得知的。

而對個性保守，小心謹慎的人而言，他可能得要經歷過「互有曖昧」，甚至見過雙方的朋友以後才有可能正式交往。

我也見過不乏有綜合型的人，他們是傾向於盡早確認關係，但在交往以後，他們還把交往再細分成「交往試試看↓交往到有默契↓全心全意交往」。

交往試試看，意指用男女朋友的方式相處，不用許山盟海誓，透過日常相處、約會、旅行，看看契合度夠不夠。

交往到有默契，則代表如果契合度足夠了，那則進階到能見雙方的家人朋友，告訴大家我們在一起了。

全心全意交往，是指當感情發展到某個階段，就下定決心在一起，遇到任何難關都要互相扶持，攜手度過。

回到一開始男生問我的問題，我最後和男生說：「我認為這個女生並不是不喜歡你，只是因為戀愛節奏的影響，她還想多點相處時間瞭解彼此，也因此你根本不需要去擔心她不想確認關係的問題。因為從本質上來看，雖然你們尚未有名份，但彼此的關係早已到達男女朋友的親密程度，如果你們可以繼續保持氣氛良好的互動，那交往也是遲早的事而已。」

或許有些人會說，

「可是沒有名份，感情不就少了一層保護嗎？」

「這樣一來，他說不定還會持續認識其他對象？」

「再者，沒有名份在，關係也無法更進一步啊？」

如果有人也是這麼想的，那我不禁想反問他：

「如果你們的關係，脆弱到需要名份來保護，那名份不就是遮羞布而已，不是嗎？」

我認為，撇除掉對方只想和你玩玩的特例，一個人的心在不在你身上，不是取決於你和他是什麼關係，而是你們的情感連結的強度如何。換句話說，**如果現在的你們，在一起總有聊不完的話題、揮灑不盡的幸福，那你根本不用去擔心，你們的關係是什麼**。

而不管對方的心理狀態是哪一種，你唯一能夠做的，就是尊重，你得有了尊重，才能去同理他的想法，並從中帶領他找尋到「前進的理由」。

關係停滯不前，你可以怎麼做

☑ 如果是互相瞭解不夠深，致使理智不足，請翻回〈培育好感森林〉一章，你需要的是引發共鳴。

☑ 如果是欠缺火花，所以情慾不足，請翻回到〈釋放意圖〉，你需要學著釋放中度以上的意圖。

☑ 如果是戀愛節奏的影響，使你們對於確認的時間有出入，那你要做的就是以下的三步驟。

02

確認關係的正確作法

按常理來說，我們最終都會和戀愛節奏相似的人交往，因為你們的節奏相同，想確認關係的時間點也差不多一致，相處起來自然會是舒服的，但我知道，這並不是你期待我告訴你的答案。你會翻開本書並閱讀這個章節，心裡面一定期待能學到某種方法，來調整你們的步伐，讓節奏相同，這正是接下來我要為你說明的。

你要做的第一步：尊重對方的選擇，瞭解他的節奏

慢熱型的人比較謹慎，特別是當他們察覺到激情過剩時就會踩剎車，感覺型的人比較奔放，只要燈光美氣氛佳，感覺對了就可以步入交往。

那你的對象是哪一種？他談過幾次戀愛？他和前任們是認識多久後交往的？這些問題，是你得在曖昧期以前就搞清楚的，但要記得你的目的不是為了得到他，而是基於尊重他的感受所以你那麼做，你得瞭解這些東西，同理他，配合他的節奏。

在問這些問題時，最好能用閒聊的方式帶入，並且要切合「當下的情境」，否則會給別人一種你好像在審問他的不適感。

舉個實際上常發生的狀況為例，假設你們剛從電影院出來，觀賞了一部浪漫愛情片，片中的男女主角初次見面就聊得熱絡，也約好下次出去玩，可是當約會結束後，女生卻又轉身和另一個男生約會。

在討論劇情時，你就可以順勢問他：「如果你的朋友正在曖昧中，他也和約會對象互相喜歡，可是還沒確認關係，那他可以和其他人約會嗎？你會怎麼建議他？」

我不知道你是否發現這個問題的巧妙了嗎？此方法是聊天技巧的應用，你沒有直接問他「如果你是女主角你會怎麼做」，因為這樣問太直接了，若他不想回答你，那麼雙方都會沒有台階下，然而當你是順著對話的走勢問「你會怎麼建議你朋友」，他可以根據他的意願來決定要認真回答你，還是迴避這個問題，你也能順便由你的反應判斷，你們的情感溫度是否夠熱絡。

透過這樣的閒聊，你可以瞭解到，他對感情中大小事的看法，描繪出他大概有怎樣的價值觀，也能讓你進一步去瞭解，對他來說，你們是否已到了適合確認關係的時候，用這樣的方式去覺察時機，會比單純用肢體碰觸來判斷準確很多。

第二步：瞭解你自己的準則

準則的意思是，對於自己，對於這段關係，對於你的戀愛節奏，你有沒有清楚的認知，你願意花多少心力、時間來培養感情，什麼會讓你打算淡出，什麼會促使你更加投入，但在此請你注意，你立下的這些準則，不是為了施壓、說服對方，也不是要推進這段關係，如果在你的腦袋中有一絲這樣的念頭，對方是會感受到的，而人性是這樣的，一旦有人想要逼我們做些什麼，我們就會反抗、逃跑，關係就會惡化了。準則的存在只是提醒你，你得要尊重自己的感受。

我知道有些人會覺得：「談戀愛何必想這麼多，跟著感覺走就好，走一步算一步，有就有，沒有就沒有。」若你也這麼想其實也沒錯，因為「跟著感覺走」也是一種準則，我見過很多「超越者」是真能夠做到如此的，因為他們的心很寬廣，所以有非常大的彈性，能任意調整自己的節奏來符合另一半。

可是對一般人來說，只有在稍有好感的時候，他們才有辦法跟著感覺走，一旦進入曖昧期，得失心出現，別人對他的熱度稍減，回訊速度變慢，赴約意願降低，他們就會自亂陣腳，然後著急的想確認關係，進而做出奪命連環叩、突然告白、質問對方為什麼不回訊等等把情感毀掉的舉動。

這時候，如果你對自己的準則十分清楚，那麼準則就能幫助你保持冷靜，你會知道，你是否已經準備好了，現在是否到了確認關係的那一步，還是說你只是被情緒牽著走，應該得再緩一緩。

第三步：表達你的意願

也因此，當你和曖昧對象打得火熱，並想進一步確認關係時，你可以做的就是尊重他，並根據你的準則，表達你對這段關係的意願。

如果他一直沒有提到要確認關係，你可以主動表達：

「和你在一起真的很開心，每次都覺得時間過好快。」

先大方表露你的喜歡，若對方也給予你同等的回應，你就可以直接說：「希望我們今後的每一天都能一起度過。」

如果對方不願表明態度，用打太極的方式讓你碰了軟釘，你不需要去追問原因，因為追問必然會給予對方壓力，你只要給予尊重就好，然後把注意力放回到你的準則就好，因為你已提出邀請，對方是否要回應那是他的課題了。

而在此你得注意，**表達意願是「提出確認關係的邀請」，而非「告白」，也不是要「向對方施壓」**。

這三者的分別在於：

1. 提出邀請是以勇氣和坦然為出發點

你知道對方有可能說不，說要緩緩、打太極，或是用任何形式拒絕你，而你是在明白這些的風險後提出邀請的，你接受一切可能的結果，這是勇氣。

坦然則意味著，你是一個敢於表達感受的人，你不打算和他玩幼稚的心理戰，也不會使用任何花招和對他施壓，而是成熟的向他表明你對他的感覺、你對這段關係的想法，然後把選擇權交給他。

2. 告白是提出申請，而非邀請

所謂的提出申請，指的是你企圖用某些東西為籌碼，來使對方做出確認關係的承諾，而盛大的告白，就是一種最常見的籌碼，所以你會看到，很多人一想要確認關係，就會去準備盛大的告白，那就是一種提出申請的行為。

在你告白當下，對方會接收到一個訊息——這個人現在的所做所為，都是為了把我追到手。

那你說對方會怎麼想？他八成會給你更多的考驗，因為在你提出申請的瞬間，你就已經把自己打入下位者的階層了，接下來你能做的，除了滿足他開的條件以外，你沒有別的路可以走。

3. 向對方施壓是沒自信的人才會做的

很多人會搞混「施壓」和「提出邀請」的分別，施壓是「我就想要這樣做」，如果「你不答應」那就「拉倒」。施壓是一意孤行，沒有任何同理心的，不愛我就拉倒也是輸不起、沒有自信心的人才會做的。

然而提出邀請是有彈性的，你沒有想要逼他作出任何決定，不論他作任何的決定你都支持且尊重，因此你會先瞭解他的想法（問他對你的感覺），然後表達你的想法（想確認關係），如果你們確定彼此前進的方向一致（都想認真交往），只是步調不同，那你們會以此為支點，從中討論、思考或創造出一個你們雙方能歡欣接受的結果。

03 不表態的人是什麼心態？

最後還有一點是我想補充的，不表態和不想確認關係並不是同一件事。

不想確認關係的人，就如同上述我提到的，有可能是戀愛節奏不同，或是情慾、理智的影響，而他如果是認真想和你交往，他多半不會想隱藏什麼，只要你問的方式是恰當的，他不會避諱告訴你為什麼他想緩一緩。

可是有幾類人就比較特別了，他是永遠不會明說「他對你的感覺」的，因此和他交往彷彿就像在玩捉迷藏、玩桌遊、玩互相猜心的遊戲。

以我的經驗來看，堅持不表態的人，有可能是：

把戀愛當遊戲的人

這世界上就是有人把談戀愛當成一場狩獵遊戲，他們從不付出真心，而只在乎有多少人為他傾倒，要辨識出這種人並不難，對他來說，出來玩最重要的就是效率，所以他們會傾向找好聊好約、容易操控的人下手，所以你只要把節奏放慢，觀察期拉長，他們自然就會被你過濾掉了。

沒有安全感（或過去曾被傷害過）

有些人過去曾付出真心，但是被狠狠的拋棄過，又或是他曾在曖昧期衝得太快，搞砸戀情，致使他以為先認真的人就輸了、先說喜歡的人就不會被喜歡。

面對這類人，你要做的一樣也是尊重，表達意願，伸出你的雙手，並且給他一點時間，他若足夠喜歡你，也感覺到你是真心的，那他自然會放下武裝，回握住你的雙手。

不善表達感受的人

他不是想和你玩捉迷藏，他只是不懂得如何表達感受，所以每次觸碰到意願的話題時，他都會想盡辦法閃避你丟的球。

這類人相對好處理多了，既然他對於用說話傳達情意會抗拒，那就和他玩個真心話大冒險的遊戲吧，或是用打字、寫紙條的方式傳情，也可以在節日約好互送對方一朵花，讓他能把心意寄託在花語裡。為他創造機會吧，他會懂得把握的！

關係不是用確認得來，而是用心灌溉後得到的結果

確認關係的方式有很多種，但無論怎麼變化，都脫離不了本書一開始談的四種心態。討好者會用付出來換取承諾，競價者會用條件當籌碼，再用理性來說服別人應該和他交往，誘惑者思考的則是如何讓對方先開口告白，這樣自己就穩勝不敗了。

而對超越者來說，關係要能夠確認，從來都不是去求來，也不是費盡心思去確認來

的，一段美好關係的開展，百分之九十九應該是奠基於你用心灌溉一段感情，你讓你們相處的每一刻都是快樂、自在、輕鬆的，而表達意願，提出邀請，則是最後的那百分之一，**當你把前面的步驟都做對了，確認關係是自然會得到的結果**。

最後的故事

1 **L** 520 Where	3 **O** 0487 is
1 **V** 990 my	4 **E** 258 love?

CHAPTER

8

時間過得很快，在我把超越者的一切都盡數授與凱文後，距離我和他的最後一次談話，已有半年之期。

有天傍晚，凱文忽然捎了訊息過來，他說：「從那段時間經你指點後，這幾個月發生了好多事，有個好消息想和你分享。」

我：「有穩定交往的對象了？」

凱文：「不是，哈哈，但是我覺得這是一件好事，所以想和你分享。」

我：「請說。」

凱文：「上個月我和一個頗有好感的對象吃晚餐，那晚我們聊得很開心，彼此之間也很有火花，飯後我們在公園散步，要道別時她忽然看著我，頭微微上揚，我知道那是一個接吻的時機，她發出了邀請。如果是過去的我，應該會親下去，但是那瞬間，我內心忽然閃過一個念頭——除非我很確定自己的感覺，否則我不能那麼做，於是我選擇不做什麼，只是揮了揮手和她道別。」

我：「這對一般人來說可不容易，那後續呢，你們還有聯繫嗎？」

凱文：「後來她對我就沒那麼熱絡了，但我不後悔，因為那天回家後我靜下心來想想，我發現自己對她只有好感而沒有欣賞，而且我也覺得，她對我的認識並不夠深，只是因為寂寞才對我那麼積極，之後我們變成了一般朋友，有次聊天時她就說，如果那時候我吻她，我們應該就在一起了，但我很開心我當時沒那麼做，因為我真的感覺到她和我沒有那麼契合，最後我也衷心祝福她能找到屬於她的伴侶。」

凱文的回饋讓我感到很欣慰，他成功抗拒了誘惑，也沒有被內在的情慾牽著走，而是能夠開始理智的看待感情，這是即將蛻變為超越者的徵兆，能有清醒的刻意錯過，才會迎來高度契合的靈魂之愛。

而後又過了半年，我再次收到凱文的訊息，這次的訊息很短，只有一張照片和幾行字，他寫道：「左邊是我正在交往中的女友，這次我沒有討好也沒有誘惑，我只是做回最真實的自己，自然就認識了她，我從來沒有想過，原來和一個對的人在一起可以這麼自在，我們可以是朋友，可以是夥伴，也可以是情人，這種踏實的幸福感是我從來沒體會過的，謝謝你讓我看到了一條嶄新的道路。」

我想寫這本書的初衷，是因為觀察到許多人在求愛時會碰到的大問題：「我想學習更多更有效的戀愛技巧，但這真的適合我嗎？會不會產生更嚴重的副作用？」

年輕時我曾經為了解決這個問題，翻遍了網路上能找到的所有內容，但翻來看去我只看到更多的技巧、招式、套路，但從來沒有一個人會誠實的告訴你，其實這些創招者自己也不快樂，這些東西讓人越使用，對它的依賴就越深，得失心越重，內在越發的匱乏。

也很少人會像我一樣長期去追蹤，當年那些執迷於技巧，只問效果不問後果的人最後都怎麼了，他們真的有談到戀愛嗎？交往之後有更幸福嗎？還是迎來更多苦痛？

而經過多年的沉澱和歷練以後，我終於能把自己看到的現象整理成一套系統，現在你不必再像我一樣親身走過那些坎坷路，而是能直接從制高點的視角看待愛情。

在本書中，我為你說明了三種最主要的戀愛心態——討好者、誘惑者，以及超越者。討好者代表了我們的的軟弱，誘惑者代表我們為軟弱所加上的武裝，超越者則代表你正視了自己的不足，但你沒有逃避，而是積極的面對自己，加以改進。所以超越者並不是一個超越凡人的存在，他也不是一個遠在天邊你無法觸及的東西，相反的，超越者是你內心最平凡、最獨特，也最真實的自己。

超越者之所以平凡，是因為他明白，在這世界上每個人都有其獨特的魅力，而自己不過是這芸芸眾生中的一份子，因此他可以平等的看待別人和自己。

超越者之所以獨特，是因為他知道，雖然他不過是個平凡人，但他的平凡是獨一無二的，世界上也僅有這一個獨一無二，所以他從不看輕自己，也不會看輕別人，別人所散發的光芒固然耀眼，但他的存在也同樣璀璨，沒有誰高誰低。

超越者之所以真實，是因為最終他領悟到，既然他是這麼平凡又獨特的存在，那他根本就沒有必要成為別人，他只要成為最真實的自己，內在最亮眼的一面就會自己顯現，他自然會是有魅力的。

為了讓你明白這些事，我以凱文的經歷、學員和朋友們的故事，以及我的親身經驗為你揭開了戀愛的真相，也從戀愛模型、得失心、好感森林、釋放意圖的角度，為你說明了，一個成熟的超越者，是如何設定自己的心智，如何用豐盛的心態來做這些事的。

我期待你能夠從這些故事中收穫屬於你的寶藏，也希望我的指引能讓你看到，在前方不遠的路上，超越者的大門就矗立在那，等著你去開啟。

男人的愛情研究室：談一場不追不求的戀愛

作　　者 — Mr. P
設　　計 — 張巖
主　　編 — 楊淑媚
校　　對 — Mr. P、楊淑媚
行銷企劃 — 謝儀方

總編輯— 梁芳春
董事長— 趙政岷
出版者— 時報文化出版企業股份有限公司
108019 台北市和平西路三段二四〇號七樓
發行專線 — (02) 2306-6842
讀者服務專線 — 0800-231-705、(02) 2304-7103
讀者服務傳真 — (02) 2304-6858
郵撥 — 19344724 時報文化出版公司
信箱 — 10899 臺北華江橋郵局第 99 信箱
時報悅讀網 — http://www.readingtimes.com.tw
電子郵件信箱 — yoho@readingtimes.com.tw
法律顧問 — 理律法律事務所　陳長文律師、李念祖律師
印刷 — 勁達印刷有限公司
初版一刷 — 2021 年 5 月 14 日
初版十六刷 — 2024 年 9 月 18 日
定價 — 新台幣 370 元

男人的愛情研究室：談一場不追不求的戀愛 /Mr. P 作 . -- 初版 . --
臺北市 : 時報文化出版企業股份有限公司 , 2021.04 面；　公分
ISBN 978-957-13-8894-6(平裝)
1. 戀愛 2. 兩性關係

544.37　　110005587

時報文化出版公司成立於一九七五年，並於一九九九年股票上櫃公開發行，於二〇〇八年脫離中時集團非屬旺中，以「尊重智慧與創意的文化事業」為信念。